Cet ouvrage peut servir :

— à l'étudiant, d'outil de perfectionnement personnel, de véritable art d'écrire en français facile;

— au professeur, de manuel pédagogique lui apportant des suggestions pour la révision et l'assimilation des acquisitions, ainsi qu'un choix d'exercices et de rédactions.

Comment présenter une lettre

Les genres de lettres

Les lettres que vous écrivez sont différentes si vous les adressez à une administration ou à une personne importante, à un commerçant, à des parents ou à des amis. Nous avons retenu **trois genres** de lettres :

 Lettre à une administration ou à une personne importante,

 Lettre à un commerçant,

 Lettre à des parents ou amis.

Il y a beaucoup d'autres cas possibles, mais nous nous sommes limités aux trois **genres** les plus utiles. Dans la suite, les lettres seront précédées de dessins selon leur **genre.**

Lettre à une administration ou à une personne importante

Il faut :

a / employer une feuille de papier blanc assez grande ;

b / écrire en haut de la lettre, à gauche, votre nom et votre adresse ;

c / écrire en haut, à droite, le nom de la ville et la date (pour le mois, ne pas mettre de lettre majuscule. Mettre une virgule après le nom de la ville seulement) ;

d / sous la date, écrivez le titre de fonction ;

Monsieur le Directeur..., Monsieur le Secrétaire Général..., Madame la Directrice..., Monsieur le Président..., Docteur...

et l'adresse de la personne à laquelle vous écrivez ;

e / commencez la lettre par le titre de fonction de cette personne écrit un peu à gauche :

Monsieur l'Ambassadeur..., Monsieur le Président..., Madame la Directrice..., Docteur...

6

f / pour finir la lettre, choisir entre :

Je vous prie
d'agréer,
Monsieur le...
l'expression

- *de ma très haute considération*
- *de ma considération distinguée*
- *de mon respectueux dévouement*
- *de mes sentiments dévoués.*

Je vous prie d'agréer, Madame, l'expression de mes respectueux hommages (formule très polie et recherchée).

g / écrire toujours *Monsieur, Madame* ou *Mademoiselle* en entier *(*jamais *M., Mme, Mlle);*

h / écrivez en quelques mots **l'objet de votre lettre** (voir page 7) : demande de renseignements, demande de poste...;

i / si vous répondez à une lettre qui porte une référence, mettez cette référence (voir page 8) : Votre référence RL/HD n° 1756;

j / si vous voulez que votre lettre arrive à une personne dont vous connaissez le nom, écrivez, par exemple :

Monsieur le Directeur de la Coopération
A l'attention de Monsieur Paul X...

Voici deux exemples de lettres de ce genre :

```
Luis COVILA                        Lisbonne, le 3 mars 1979
22, rua Marquesa da Ferial
2. 1. E
SETUBAL
PORTUGAL

                                   Monsieur le Directeur
                                   de l'Institut Français
                                   LISBONNE


Objet : Demande de bourse

            Monsieur le Directeur,

            J'ai l'honneur ...
   ...
   ...

            Veuillez agréer, Monsieur le Directeur, l'expression de mes
sentiments respectueux.

                                   L. COVILA
```

7

```
Ali MAMADOU                                    Cotonou, le 12 février 1979
27, rue ...
COTONOU
                                               Monsieur le Directeur
                                               du lycée ...
Votre référence : HX/HD                        17, rue ...
n° 428, du 5 février 1979                      ...


Objet : Envoi de diplôme.


          Monsieur le Directeur,

          J'ai l'honneur de vous envoyer une copie de diplôme que vous
          m'avez demandée pour mon dossier d'inscription.

          Je vous prie d'agréer, Monsieur le Directeur, l'expression de
          mon respectueux dévouement.



                              A. MAMADOU
```

Lettre commerciale

Vous présentez la lettre comme celle de la page 7.

Mais vous finirez par :

Veuillez agréer, Monsieur, l'expression de...	• *ma considération distinguée* • *mes sentiments très distingués* • *mes sentiments distingués* • *mes sentiments les meilleurs* • *mes salutations distinguées* • *mes cordiales salutations* • *mes sentiments cordiaux.*

Les dernières formules s'emploient quand les relations sont amicales.

Attention. La lettre commerciale doit être **courte** et **claire** et il ne faut rien oublier **de ce qui est utile à votre correspondant** (celui auquel on écrit).

8

Classiques Hachette-Service des revues pédagogiques
79 boulevard Saint-Germain
75261 Paris Cedex 06
Téléphone : 325 22 11

Paris, le 3 janvier 1979

Monsieur J. ROBERT
50, rue de Rennes
75006 PARIS

Monsieur,

Nous avons bien reçu votre lettre du 15 novembre et nous sommes heureux d'apprendre que vous souhaitez souscrire un abonnement à notre revue.

Notre système administratif ne nous permettant de commencer à servir un abonnement qu'à réception de son règlement, nous vous serions obligés de bien vouloir nous faire parvenir par un prochain courrier le montant de la facture ci-jointe, par tous moyens à votre convenance.

Avec nos remerciements anticipés, nous vous prions d'agréer, Monsieur, l'expression de nos sentiments distingués.

Jean VERREY.

Comment commencer et comment finir une lettre.

Le début de votre lettre ne sera pas le même si vous écrivez :

à une personne importante (lettre officielle);

à une personne que vous ne connaissez pas ou que vous connaissez peu;

à un ami, à un camarade ou à votre famille.

Personne importante, lettre officielle	Personne que vous ne connaissez pas ou que vous connaissez peu	parent ami	camarade
J'ai l'honneur de[1] solliciter[2]..	Je vous prie de...	J'ai bien reçu ta lettre du...	Peux-tu me dire...
J'ai l'honneur de vous rendre compte...	Je vous serais obligé de...	Je réponds à ta lettre du...	Merci de ta lettre du...
J'ai l'honneur de vous adresser...	Je vous serais reconnaissant de...	Je te remercie de ta lettre du...	Je réponds à ta lettre du...
Je vous serais très obligé[3] de...	J'ai le regret de... (pour une mauvaise nouvelle, un refus[4]...)	Je suis désolé d'apprendre que...	Merci de m'avoir écrit pour...
Je vous serais très reconnaissant[3] de...	J'ai le plaisir de... (pour une bonne nouvelle)	Je suis heureux de savoir que...	Est-ce que tu peux...
		Ta lettre du... m'est bien arrivée.	

1 **J'ai l'honneur de :** forme très polie et très employée.
2 **solliciter :** demander.
3 **Je vous serais obligé de..., reconnaissant de... :** Je vous remercie de...
4 **refus :** fait de dire non.

Lettre à des amis ou à des parents

Amis que vous connaissez peu ou qui sont plus âgés que vous[1] :

Amis que vous connaissez assez bien :

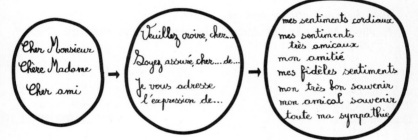

Amis intimes ou camarades :

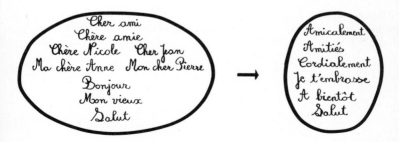

1 Pour une dame, toujours : Mes respectueux hommages.

11

Parents :

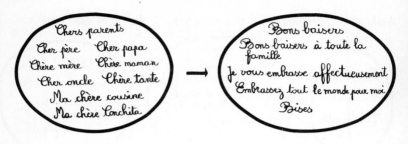

Attention : ce qu'il *ne faut pas* écrire :
Ma chère Madame; *Mon* cher Monsieur; Chère Madame *Durand.*

Jeux

• Vous commencez une
lettre à un ami.
Que mettez-vous?

Monsieur le Directeur ☐
Mon vieux ☐
Cher Monsieur ☐

• Vous finissez une
lettre au Directeur
de l'Enseignement
secondaire de Dakar.
Que mettez-vous?

Je t'embrasse ☐
... ma respectueuse considération ☐
... mes sentiments les meilleurs ☐

12

Curriculum vitæ

Quand vous demandez un emploi, il est nécessaire de joindre à votre lettre un *curriculum vitæ*.

Le *curriculum vitae* (mot latin) comprend des renseignements sur :

- votre identité (nom, prénom),
- votre état civil (date et lieu de naissance, sexe, nationalité),
- votre situation de famille (célibataire, marié, veuf, divorcé, avec ou sans enfants),
- les études que vous avez faites et les diplômes obtenus (lieux et dates),
- les emplois précédemment occupés.

NOM : DUBOIS.
Prénom : Jean-Pierre.
Adresse : 15, rue des Plantes, 75014 Paris.
Date de naissance : 7 janvier 1948.
Lieu de naissance : Paris, 8e.
Marié : le 8 mai 1973.
Sans enfants.
Service militaire : 1969-1970 à Bourges.

Diplômes :
Brevet élémentaire : 1963.
Baccalauréat : série C, mention bien, en 1966.
École supérieure de Commerce : 1966 à 1969.

Postes occupés :
Maison VADIMO
45, rue des Plantes, Paris : 1970-1974.
Chef de vente ;

Maison RENAUD,
2, rue de la Victoire, Lyon : 1975-1976.
Chef de promotion des ventes.

NOM : CARRETERO.
Prénom : Maria Teresa.
Adresse : 1 Avenida del Liceo, Madrid.
Date de naissance : 5 avril 1955.
Lieu de naissance : Madrid - Espagne.
Nationalité : Espagnole.
Célibataire.

Diplômes : Baccalauréat lettres en 1973.
Licence de français : 1976.

Emplois : Professeur de français :
— École secondaire de la Merced, Madrid, de 1976 à 1978 ;
— École supérieure de traduction, 18 calle Victoria, Barcelone de 1978 à 1979.

13

Rédigez le *curriculum vitæ* de cette personne.

Écrire... au XVIIIᵉ siècle...

Deux lettres de Voltaire

Voltaire[1] est, en 1750, l'invité du roi de Prusse Frédéric II. Au début de son séjour, tout va bien. Le roi donne des fêtes en son honneur. Mais, dès la fin de l'année, les relations entre Voltaire et le roi ne sont plus aussi bonnes.

Voici une lettre du 6 novembre 1750 que Voltaire envoie à sa nièce. Un petit mot revient souvent. Lequel? Cherchez pourquoi...

Ce qui est important n'est pas dit directement. Le lecteur doit comprendre...

A Madame Denis

A Potsdam, le 6 novembre 1750.

... Les soupers du roi sont délicieux, on y parle raison, esprit, science; la liberté y règne; il est l'âme de tout cela; point de mauvaise humeur, point de nuages, du moins point d'orages. Ma vie est libre et occupée; mais... mais... Opéras, comédies, carrousels, soupers à Sans-Souci, manœuvres de guerre, concerts, études, lectures; mais... mais... La ville de Berlin, grande, bien mieux percée que Paris, palais, salles de spectacles, reines affables, princesses charmantes, filles d'honneur belles et bien faites, la maison de Mme de T... toujours pleine, et souvent trop; mais... mais..., ma chère enfant, le temps commence à se mettre à un beau froid...

Deux ans plus tard, les relations entre Frédéric II et Voltaire sont devenues très mauvaises.

Le roi avait dit, en parlant de Voltaire : « J'aurai besoin de lui encore un an tout au plus; on presse l'orange, et on jette l'écorce. »

Voici ce que Voltaire écrit à Mme Denis, le 18 décembre 1752 :

---

1 Voltaire : écrivain français. Ses livres, ses lettres, ont favorisé l'évolution des idées au xvIIIᵉ siècle (tolérance, critique du pouvoir absolu, liberté de l'homme, égalité devant les lois, etc.)

A Madame Denis

A Berlin, le 18 décembre 1752.

... Je vois bien qu'on a pressé l'orange; il faut penser à sauver l'écorce. Je vais me faire, pour mon instruction, un petit dictionnaire à l'usage des rois.

Mon ami signifie *mon esclave.*

Mon cher ami veut dire *vous m'êtes plus qu'indifférent.*

Entendez par *je vous rendrai heureux, je vous souffrirai tant que j'aurai besoin de vous.*

Soupez avec moi ce soir signifie *Je me moquerai de vous ce soir.*

Le dictionnaire peut être long; c'est un article à mettre dans l'Encyclopédie...

Exercice : que peut-on écrire après tous les mais... de la première lettre?

...et au XXe siècle

Vous pouvez écrire à un journal pour donner votre avis, pour attirer l'attention des lecteurs sur un problème important. Voici par exemple ce que publie un journal du soir (*France-Soir* du 27 novembre 1978) à la suite d'une lettre de lectrice.

Celle-ci a envoyé au journal la réponse qui lui a été faite à la suite d'une demande d'emploi.

Cette réponse pose tout le problème du travail des femmes et de la condition féminine.

PAS DE TRAVAIL POUR VOUS, VOUS ÊTES UNE FEMME.

C'est la réponse d'un patron à une demande d'emploi.

ANNONCE 241. 01/11

```
Madame .....

     Je suis pantois .....

     Vous vous consacrez déjà ...

 - à votre époux ........................      1

 - à vous-même ..........................      1

 - à vos enfants ........................      3

                         total       5

 - et vous souhaitez  -  en plus  -  vous

 consacrer  -  à mes clients ............      65

                         total       70

 (à votre patron)
            (à moi-même) ???       ====

 - Horaire de la semaine :

        24 x 7  = ...................168
                                     ===

 Comme dit ma fille : qui est étudiante :

 - c'est ça l'amour ????????   c'est ça la famille?

 - c'est dingue !            (langage étudiant)...

 Madame : je vous en prie : occupez-vous de votre

 foyer ....... et de vos enfants : merci.

                         Respectueuses salutations
```

Telle est l'incroyable réponse qu'A. D., mère de trois enfants, vient de recevoir après avoir sollicité un emploi offert par une petite annonce.

Le journal demande aux lectrices et aux lecteurs de lui écrire pour commencer une campagne « Femmes et travail ».

Lectrices, lecteurs
écrivez-nous

Lectrices (et aussi pourquoi pas lecteurs...), vous connaissez peut-être des cas analogues de discrimination dont sont victimes les femmes dans le travail. Celui d'A. D. n'est malheureusement pas le seul.

Pour chaque cas, alertez l'inspection du travail, mais écrivez aussi à « France-Soir ». Nous publierons vos lettres. Nos reporters enquêteront sur les conditions dans lesquelles un emploi vous aura été refusé.

Adressez votre courrier à : « Campagne Femmes et Travail », « France-Soir », 100, rue Réaumur, 75060 Paris Cédex 02.

18

Pour comprendre comment fonctionne la poste

Comment présenter une lettre

L'adresse

José habite à Santiago du Chili ; Il écrit en France à son ami Jean.

Jean va recevoir la lettre de José.

José est *l'expéditeur*.

Jean est *le destinataire*.

Le destinataire

Pour qu'une lettre arrive vite et bien, il faut que l'adresse du destinataire soit exacte et complète.

Exemple :

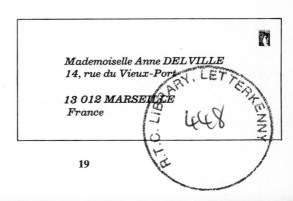

Mademoiselle Anne DELVILLE
14, rue du Vieux-Port

13 012 MARSEILLE
France

Attention :

Vous écrivez à des personnes mariées :

Monsieur et Madame Jean Revel.

Vous écrivez à une personne importante. Vous ne mettez pas son nom sur l'enveloppe si votre lettre n'est pas personnelle :

Monsieur le Directeur du Lycée...

Monsieur le Directeur des Usines R...

Madame la Directrice de...

Monsieur l'Ambassadeur de France...

Monsieur le Conseiller Culturel...

Pour une invitation officielle à des personnes mariées :

Monsieur le Directeur et Madame X...

Monsieur le Chef du Service... et Madame Y...

Monsieur le Secrétaire Général et Madame B...

Attention :

Pour bien écrire l'adresse du destinataire, suivez ces conseils : une bonne adresse, c'est une adresse « code postal », qui satisfait aux normes du tri mécanisé (voir p. 28).

Voici, par exemple, une adresse pour la province :

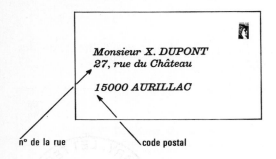

n° de la rue   code postal

La boîte postale

Si vous devez recevoir beaucoup de lettres en France, vous pouvez louer une « boîte postale ».

Tout votre courrier reste à la poste et est placé dans une boîte, fermée à clé, et qui porte un numéro.

Vous avez une clé pour l'ouvrir et prendre votre courrier.

L'expéditeur devra indiquer sur l'enveloppe le numéro de la boîte postale. Exemple :

Les boîtes postales sont surtout utilisées pour les lettres commerciales.

La Poste restante

Vous pouvez vous faire envoyer vos lettres à la « poste restante ». L'adresse doit alors porter :
- le prénom et le nom du destinataire;
- l'adresse du bureau de poste où la lettre doit « rester »;
- la précision « poste restante ».

Exemple :

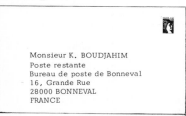

Le destinataire doit aller lui-même à la poste avec une carte d'identité pour retirer sa lettre (il doit être majeur).

La lettre est gardée au bureau de poste entre 15 jours et un mois. Il doit payer une taxe, au moment où il retire sa lettre.

Attention :

• dans les grandes villes, il y a plusieurs bureaux de poste. L'expéditeur doit préciser à quel bureau il doit envoyer la lettre.

Exemple : Poste restante de Paris 25,
ou : Poste restante centrale de Nice.

Voici la liste des numéros de code des départements :

01	AIN	32	GERS	64	PYRÉNÉES-ATLANTIQUES
02	AISNE	33	GIRONDE		
03	ALLIER	34	HÉRAULT	65	PYRÉNÉES (Hautes-)
04	ALPES de Haute-Provence	35	ILLE-et-VILAINE	66	PYRÉNÉES-ORIENTALES
		36	INDRE	67	RHIN (Bas-)
05	ALPES (Hautes-)	37	INDRE-et-LOIRE	68	RHIN (Haut-)
06	ALPES-MARITIMES	38	ISÈRE	69	RHÔNE
07	ARDÈCHE	39	JURA	70	SAÔNE (Haute-)
08	ARDENNES	40	LANDES	71	SAÔNE-et-LOIRE
09	ARIÈGE	41	LOIR-et-CHER	72	SARTHE
10	AUBE	42	LOIRE	73	SAVOIE
11	AUDE	43	LOIRE (Haute-)	74	SAVOIE (Haute-)
12	AVEYRON	44	LOIRE-ATLANTIQUE	75	PARIS (Ville de)
13	BOUCHES-du-RHÔNE	45	LOIRET	76	SEINE-MARITIME
14	CALVADOS	46	LOT	77	SEINE-et-MARNE
15	CANTAL	47	LOT-et-GARONNE	78	YVELINES
16	CHARENTE	48	LOZÈRE	79	SÈVRES (Deux-)
17	CHARENTE-MARITIME	49	MAINE-et-LOIRE	80	SOMME
18	CHER	50	MANCHE	81	TARN
19	CORRÈZE	51	MARNE	82	TARN-et-GARONNE
20	CORSE	52	MARNE (Haute-)	83	VAR
21	CÔTE-D'OR	53	MAYENNE	84	VAUCLUSE
22	CÔTES-du-NORD	54	MEURTHE-et-MOSELLE	85	VENDÉE
23	CREUSE			86	VIENNE
24	DORDOGNE	55	MEUSE	87	VIENNE (Haute-)
25	DOUBS	56	MORBIHAN	88	VOSGES
26	DRÔME	57	MOSELLE	89	YONNE
27	EURE	58	NIÈVRE	90	BELFORT (Terr.)
28	EURE-et-LOIR	59	NORD	91	ESSONNE
29N	NORD-FINISTÈRE	60	OISE	92	HAUTS-DE-SEINE
29S	SUD-FINISTÈRE	61	ORNE	93	SEINE-ST-DENIS
30	GARD	62	PAS-de-CALAIS	94	VAL-DE-MARNE
31	GARONNE (Haute-)	63	PUY-de-DOME	95	VAL-D'OISE

Et voici **la carte des départements** :

Voici les **départements de la Région Parisienne** :

23

Vous ne connaissez pas l'adresse du destinataire.

Vous écrivez à une personne qui le connaît bien et qui lui enverra la lettre :

Aux bons soins de Monsieur X...

> *Monsieur René CRAVART*
> *Aux bons soins de Monsieur RIVONNET*
> *71, cours Gambetta*
>
> *33000 BORDEAUX*
> *France*

L'expéditeur

L'expéditeur doit écrire sur l'enveloppe, en plus de l'adresse, tout ce qui est utile au service des Postes : PAR AVION-RECOMMANDÉE.

La *lettre recommandée* est une lettre pour laquelle l'expéditeur remplit une feuille spéciale (à prendre au bureau de poste, voir p. 26). Le destinataire doit signer au moment où on lui donne la lettre. Une lettre recommandée est plus chère à envoyer, mais elle ne risque pas de se perdre. On a également la preuve que cette lettre a été envoyée. Il est possible d'envoyer aussi des *paquets recommandés*.

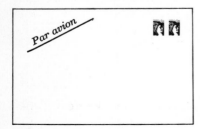

La lettre recommandée

Une **lettre recommandée** est portée à domicile par le facteur qui fait signer le destinataire sur le carnet de la poste.

Si le destinataire n'est pas chez lui, le facteur laisse un avis dans la boîte aux lettres.

Le destinataire doit alors aller au bureau de poste, présenter l'avis et sa carte d'identité pour retirer la lettre.

Attention!

Quand vous envoyez une lettre recommandée, vous pouvez indiquer sur l'enveloppe :

Monsieur Lamiel
Madame Lamiel
Monsieur ou Madame Lamiel
Monsieur et Madame Lamiel.

Dans ce dernier cas, les destinataires devront tous les deux signer le carnet de la poste pour avoir la lettre recommandée.

Voici, en France, la feuille que l'on remplit pour un *envoi recommandé*. Remplissez-la.

N° 517

RÉCÉPISSÉ D'UN ENVOI RECOMMANDÉ

Étiquette n° **510** ou **510** *bis*

recto

A remplir par l'expéditeur - Cochez la case correspondant au taux choisi (voir au dos)

| R 1 | R 2 | R 3 | R 4 | R Ét |

DESTINATAIRE : M ....

Visa de l'agent,

à ....

Date	H	PRIX	Nature de l'objet n°	Services Spéciaux	Taux Rec.	Contre remboursement

verso

TAUX DE RECOMMANDATION CHOISI

— *pour une lettre (LR) ou un paquet-poste (PR) à destination de la France (départements et territoires d'outre-mer compris)* : il existe 4 droits de recommandation (R 1, R 2, R 3, R 4). A chacun d'eux correspond un montant maximum d'indemnité en cas de perte (50 F, 200 F, 400 F, 600 F). Mettez une croix dans la case correspondant au montant de la garantie que vous désirez pour votre envoi.

— *pour une lettre (LR) ou un paquet (PL) à destination de l'étranger* : il n'existe qu'un seul droit de recommandation, barrez en croix la case Ét (Étranger).

● CONSERVEZ LE PRÉSENT RÉCÉPISSÉ car sa présentation est obligatoire en cas de réclamation.

● SACHEZ QUE LES RÉCLAMATIONS sont recevables dans n'importe quel bureau de poste pendant 1 an à compter du lendemain du jour de dépôt.

Cocher une case, c'est mettre une croix dans cette case.
Exemple : ☒
Récépissé : papier qui permet de faire une réclamation.
Il est la preuve que vous avez envoyé un paquet.
Pour un formulaire *imprimé* des deux côtés d'une feuille, *le recto* est ce qui se lit d'abord, *le verso* ce qu'on peut lire au dos de cette feuille.

L'expéditeur a intérêt à mettre son nom et son adresse sur le paquet ou sur l'enveloppe.

Comme ceci :

> Expéditeur :
> M. Duranson
> 3, rue Pastorelli
> 06250 NICE

Ou au dos de l'enveloppe :

> Expéditeur : M. Rudkel
> 24, boulevard Saint-Michel
> 75006 PARIS

Si vous pensez que votre lettre risque de ne pas arriver au destinataire, écrivez :

> En cas de non réponse, retourner à
> Mme R. Dovaron, 12 rue de la Forêt
> 84000 AVIGNON

contre remboursement = pour un paquet. La poste, en remettant le paquet, reçoit le prix de l'objet envoyé.

nature de l'objet = lettre - paquet recommandé - paquet international.

une rature   une surcharge

le service des rebuts : service des lettres et des paquets non distribués.

Pour vous aider, les P. et T. vous conseillent :

Comment rédiger correctement une adresse ?

Pour faciliter le tri et le bon acheminement de votre courrier, le recto de vos correspondances doit se présenter ainsi :

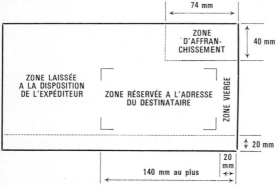

position de l'adresse

la position de l'adresse sur les envois postaux doit être conforme à celle figurant sur le schéma ci-contre

IMPORTANT :
● Ne rien porter à droite ni au-dessous de l'adresse
● Laisser au moins 20 mm entre l'adresse et les mentions ou impressions apparaissant éventuellement à gauche de cette dernière.

Attention à la dernière ligne de l'adresse ! Elle doit comporter les 5 chiffres du numéro de code, tous de la même grosseur, sans point ni espace, et le nom du bureau distributeur écrit très lisiblement (de préférence en capitales d'imprimerie). Elle ne doit pas comporter de tirets, parenthèses, apostrophes, barres de fraction.

Demandez à vos correspondants de vous communiquer leur numéro de code précis.

Quelques exemples d'utilisation du code postal :

localité siège d'un bureau distributeur ex. : Uzès (Gard)	M. Paul DURAND 3 place du Marché 30700 UZÈS
localité desservie à partir d'une commune voisine ex. : Baron par Uzès (Gard)	Mme Jeanne DUPONT 4 allée des Peupliers Baron 30700 UZÈS
localité divisée en arrondissements ex. : Paris, Lyon, Marseille	M. Jacques DUVAL 150 rue Boileau 69006 LYON

Attention : le destinataire a peut-être changé d'adresse.

Vous ne connaissez pas sa nouvelle adresse.

Vous écrivez alors à son ancienne adresse et vous présentez ainsi l'enveloppe :

Prière de faire suivre

Faire suivre S.V.P.

(*prière* = je vous prie de...

S.V.P. = s'il vous plaît).

Prière
de faire suivre

Mademoiselle Monique TABARD
37, avenue des Peupliers

71008 MÂCON
France

Le destinataire habite chez des parents ou chez une autre personne. Voici l'enveloppe :

Monsieur Jean PAULIN
chez Monsieur Pierre DALVERT
48, rue Victor-Hugo

59100 ROUBAIX CEDEX 1
France

Comment envoyer de l'argent

Vous êtes en France. Vous voulez envoyer de l'argent à l'étranger. Vous pouvez utiliser le mandat-poste international. Vous le trouverez dans tous les bureaux de poste.

COUPON	ADMINISTRATION DES POSTES DE FRANCE	**MANDAT DE POSTE INTERNATIONAL**	MP 1

(Peut être détaché par le bénéficiaire)

Cours du change '

Montant en chiffres arabes

Montant en chiffres arabes

Somme payée '

S'il y a lieu application des timbres-poste ou indication de la taxe perçue

Date d'émission

Montant en toutes lettres et en caractères latins

Nom et adresse de l'expéditeur

Nom du bénéficiaire

Rue et n°

Lieu de destination

Pays de destination

'A porter par l'Administration de paiement lorsqu'elle opère la conversion.

Timbre du bureau d'émission

Timbre du bureau d'émission

Indications du bureau d'émission

N° du mandat

Somme versée

Bureau

Date

Signature de l'agent

N° 1405.

DESTINATAIRE

EXPÉDITEUR

MONTANT
Origine — Destination

Cadre réservé aux endossements, s'il y a lieu

Quittance du bénéficiaire

Reçu la somme indiquée d'autre part

Lieu et date

Signature du bénéficiaire

Registre d'arrivée

N°

Timbre du bureau payeur

Mandats, Lausanne 1974, art. 104, § 1 — Dimensions : 148 x 105 mm, couleur rose

IN 8 110158 3 07 D

Coupon : partie que l'on peut enlever, détacher du mandat.
Bénéficiaire : personne qui reçoit le mandat.
Date d'émission : date du jour où l'on envoie le mandat.
Expéditeur : personne qui envoie le mandat.
Chiffres arabes : 0, 1, 2, 3, 4, 5, 6, 7, 8, 9.
Caractères latins : trois mille neuf cents francs.
Lieu de destination : endroit où le mandat doit arriver.
Pays de destination : pays où le mandat doit arriver.
Destinataire : personne qui doit recevoir le mandat.

Les P. et T. vous proposent, en quatre langues, les réponses aux questions les plus courantes que vous pouvez vous poser.

.POSTE...POST...POSTA...CORREΩ

Y a-t-il un bureau ouvert le dimanche matin ?
Is there an office open on Sunday morning ?
Ist ein Postamt Sonntag morgens geöffnet ?
C'è un ufficio aperto la domenica mattina ?
¿ Existe alguna oficina abierta el domingo por la mañana ?

Où est le bureau de poste le plus proche ?
Where is the nearest Post Office ?
Wo ist das nächste Postamt ?
Dov'è l'ufficio postale più vicino ?
¿ Dónde está la oficina de correos más próxima ?

Cette lettre est-elle suffisamment affranchie ?
Is this letter sufficiently stamped ?
Ist dieser Brief genügend freigemacht ?
L'affrancatura di questa lettera è sufficiente ?
¿ Lleva esta carta suficiente franqueo ?

Je voudrais... timbres-postes à... francs
I want... ...Franc stamps
Ich möchte... Briefmarken zu... Francs
Vorrei... francobolli di... Franchi
Quisiera... sellos de... francos

Où est le guichet de la poste restante ?
Where is the Poste Restante counter ?
Wo ist der Schalter der postlagernden Sendungen ?
Dov'è lo sportello del fermoposta ?
¿ Dónde está la taquilla de lista de correos ?

Avez-vous des lettres adressées à... ?
Have you any letters adressed to... ?
Haben Sie Briefe fur... ?
Ha delle lettere indirizzate a... ?
¿ Tiene Usted cartas para... ?

A quelle heure part le prochain (dernier) courrier ?
What time does the next (last) post leave ?
Um wieviel Uhr geht die nächste (letzte) Post ab ?
A che ora parte la prossima (ultima) levata della posta ?
¿ A qué hora sale el próximo (el último) correo ?

Est-ce que le courrier est arrivé ?
Has the mail arrived ?
Ist die Post eingetroffen ?
È arrivata la posta ?
¿ Ha llegado el correo ?

A quelle heure est la première (dernière) distribution ?
What time is the first (last) delivery ?
Um wieviel Uhr ist die erste (letzte) Zustellung ?
A che ora si fa la prima (ultima) distribuzione ?
¿ A qué hora es la primera (la última) distribución ?

Je voudrais faire recommander cette lettre
I wish to register this letter.
Ich möchte diesen Brief einschreiben lassen
Vorrei raccomandare questa lettera
Quisiera certificar esta carta.

La réexpédition du courrier est-elle gratuite ?
Is the forwarding of mail free of charge ?
Ist das Nachsenden der Post kostenlos ?
La rispedizione della posta è gratuita ?
¿ Es gratuita la reexpedición del correo ?

Puis-je envoyer de l'argent en... ? Combie
Can I send money to... ? How much ?
Kann ich Geld nach... senden ? Wieviel ?
Posso spedire dei soldi in... ? Quanto ?
¿ Puedo enviar dinero a... ? ¿ Cúanto ?

Où puis-je me faire payer ce chèque de voyage ?
Where can I cash this travellers cheque ?
Wo kann ich diesen Reisescheck cash ?
Dove posso farmi pagare questo assegno turistico ?
¿ Dónde puedo cobrar este cheque de viaje ?

Je voudrais des timbres de collection.
I want some collector's stamps.
Ich möchte Sammlermarken.
Vorrei dei francobolli di collezione.
Desearía sellos de colección.

32

POSTE...POST...POSTA...CORREI

bien coûte cette lettre, cette carte postale par avion pour...?
much does this letter, this postcard, cost by air mail for...?
kostet dieser Brief, diese Postkarte per Luftpost nach...?
to costa questa lettera, questa cartolina via aerea per...?
anto cuesta esta carta, esta tarjeta postal por avión para...?

lez me dire si cet envoi dépasse le poids de...?
se tell me whether this item is over... in weight?
nen Sie mir sagen, ob diese Sendung das Gewicht von... überschreitet?
e dirmi se il peso di questa spedizione è superiore a...?
ne la bondad de decirme si este envío excede el peso de...?

ends un mandat. Où dois-je me présenter?
expecting a money order. Which counter should I go to?
warte auf eine Postanweisung. Wo muss ich mich melden?
tto un vaglia. Dove devo presentarmi?
ro un giro. ¿A qué taquilla debo ir?

lle est l'adresse du bureau principal des PTT de cette ville?
t is the address of the main post office in this town?
befindet sich das Hauptpostamt dieser Stadt?
è l'indirizzo dell'Ufficio postale principale di questa città?
al es la dirección de la oficina principal de Correos de esta ciudad?

est le poids maximum pour un colis à destination de...?
t is the maximum weight for a parcel to be sent to...?
ches ist das Höchstgewicht für ein Paket nach...?
è il peso massimo per un pacco a destinazione di...?
al es el peso máximo para un paquete con destino a...?

aut-il s'adresser pour un colis qui dépasse ce poids?
re should I apply for a parcel exceeding this weight?
in muss man sich wenden für ein Paket, das dieses Gewicht überschreitet?
bisogna rivolgersi per un pacco che supera questo peso?
de tengo que ir para un paquete que excede ese peso?

oudrais faire réexpédier mon courrier. Que dois-je faire?
uld like my mail to be forwarded. What should I do?
nöchte meine Post nachsenden lassen. Was muss ich tun?
i far rispedire la mia posta. Che cosa devo fare?
aría hacer reexpedir mi correspondencia. ¿Qué debo hacer?

33

Jeux

- **Voici trois personnes**

a

b

c

1

Toulouse, le 24 mars 1978

Cher Philippe,

Devant assister à la Faculté des Lettres de Nanterre à un congrès sur l'enseignement du français, j'arriverai à Paris le 3 décembre par le "Capitole" de 23h 30, et te remercie de venir me chercher à la gare d'Austerlitz.

....

Jacques

2

Marseille, le 2.12.1978

Monsieur le Président,

J'ai l'honneur de vous adresser le compte rendu de la séance ...
...
...

Veuillez agréer, Monsieur le Président, l'assurance de mes sentiments distingués.

Manuel DEJEAN

3

Monsieur le Secrétaire de Mairie,

Je vous prie de m'adresser, sous enveloppe timbrée ci-jointe, un extrait d'acte de naissance.
...
...

Veuillez croire, Monsieur, à mes sentiments distingués.

Nicole DURAND

A quelle personne est destinée : la lettre 1? La lettre 2? La lettre 3?

34

• **Vous écrivez à un ami français** pour lui dire que vous avez été reçu à votre examen.

Vous commencez votre lettre par :

a / J'ai l'honneur de...

b / J'ai le regret de...

c / J'ai le plaisir de...

d / Mon vieux, je suis reçu.

• **Vous écrivez à des amis** pour leur dire que vous ne pouvez pas venir dîner chez eux.

Vous commencez votre lettre par :

a / Je suis heureux de...

b / J'ai le regret de...

c / J'ai le plaisir de...

d / Je suis désolé...

• **Vous écrivez à la Directrice du Lycée.**

Vous commencez par :

a / J'ai l'honneur de...

b / Je souhaite...

c / Je demande...

Pour chaque cas, dites la (les) bonne(s) réponse(s).

• **Vous voulez envoyer une lettre recommandée.**

Devez-vous remplir un formulaire spécial ?

• **Monsieur Dupont reçoit une lettre recommandée** au nom de Monsieur et Madame Dupont.

Est-ce que le facteur lui remettra la lettre si Madame Dupont est absente ?

• Vous avez 16 ans. Est-ce que vous pourrez retirer une lettre à la poste restante ?

- **Qu'est-ce qui manque ?**

Complétez les deux enveloppes comme vous voulez.

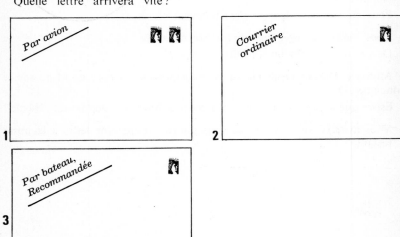

Monsieur Jean CRÉMANT
17, rue Saint-Charles

France

Mademoiselle Marie PARANT

75014 PARIS
(France)

- **Pour quelle lettre** (1, 2, 3) le destinataire doit signer ?

Quelle lettre arrivera vite ?

1 Par avion

2 Courrier ordinaire

3 Par bateau, Recommandée

36

Maintenant, écrivez

Vous demandez

Toutes les personnes que vous voyez sur l'image de la p. 39 demandent quelque chose. Ces phrases peuvent servir dans une **lettre de demande.**

Employez :

a / pour une lettre commerciale : *Envoyez-moi...; Voulez-vous m'envoyer...;*

b / pour une lettre amicale : *Pouvez-vous m'envoyer...; Peux-tu...;*

c / pour une lettre importante : *Je vous prie de...; Je vous serais obligé de...; Est-ce que je peux vous demander de...*

Demande de renseignements :

A Monsieur le Conseiller Culturel de l'Ambassade de France à...

Objet[1] : demande de renseignements.

Monsieur le Conseiller Culturel,

Je vous serais très obligé de me faire savoir si je peux continuer mes études à la Faculté de Médecine de Paris, en Cardiologie[2].

J'ai suivi les cours de la Faculté de... depuis six ans et j'ai obtenu les diplômes suivants...

J'ai étudié le français pendant deux ans à l'Alliance française de...

Veuillez agréer...

Juan GOMEZ

1 *objet :* ici : le sujet, le thème de la lettre.

2 *cardiologie :* partie de la médecine qui a pour objet l'étude du cœur et de ses maladies.

Fatoumata DIALO, commerçant à D... à Messieurs DESPRÉS, Paris.

Commande de stylos :

Messieurs,

Voulez-vous m'envoyer 50 stylos « X...3 » et 25 « Y...6 ».

Je suis très pressé de recevoir ces stylos et je vous demande de faire cet envoi par avion.

Je vous prie...

F. DIALO

Exercice :

1 Complétez avec des phrases différentes :

Pouvez-vous...

Voulez-vous...

Je vous prie de...

Je vous serais obligé de...

2 Qu'est-ce qui est le plus poli ?

Préparez-moi mon billet.
Je vous prie de me préparer mon billet.

Vous remerciez

Toutes ces personnes (p. 41) remercient. Ces phrases peuvent vous servir pour écrire des **lettres de remerciements.**

Pour un ami, un camarade, écrivez : *Merci beaucoup, tu es très gentil de...*

Pour une lettre officielle, importante, écrivez : *Je vous suis reconnaissant de...; Je vous suis très reconnaissant de...*

Lettre de remerciements :

1 *stage :* temps passé dans une entreprise pour mieux apprendre certaines techniques.

2 *la gratitude :* mot à employer pour remercier une personne importante.
gratitude = reconnaissance.

On peut dire : ... *l'expression de toute ma reconnaissance.*

Votre référence : 389/RF/LT.

Objet : stage[1] à l'Institut du Pétrole.

Monsieur le Directeur,

Je vous suis très reconnaissant des renseignements que vous m'avez donnés dans votre lettre du 15 juin 1970.

Je vais faire une demande à l'Ambassade de France pour suivre un stage de six mois dans votre Institut.

Je vous remercie beaucoup de votre aide et vous prie d'agréer, Monsieur le Directeur, l'expression de toute ma gratitude[2].

Iannis Potocki

Lettre accompagnant un chèque :

1 *suite :* qui est la suite de...

2 *ci-joint :* le chèque est placé dans la même enveloppe que la lettre, il est *joint* à la lettre.

3 *à votre ordre :* à votre nom.

Monsieur le Directeur,

Suite[1] à ma commande du 14 avril dernier, j'ai bien reçu votre paquet, et je vous en remercie.

Tout est très bien arrivé et je vous prie de trouver ci-joint[2] un chèque de 786 F à votre ordre[3].

Veuillez agréer...

Lettre de **remerciements** :

1 Marie-Paule Belle est une
jeune chanteuse française.

Cher Jacques,

Merci beaucoup pour les disques de
Marie-Paule Belle[1] que je viens de recevoir. Tu es très gentil d'avoir pensé à
moi. Je t'écrirai plus longuement bientôt.

Amicalement, et merci encore.

Klaus Mark

Exercices :

Fouad est libanais. Il reçoit trois lettres de France. L'une de son ami
français, l'autre de sa tante qui est en voyage en France et la dernière du
rédacteur en chef d'une revue.

Voici un petit morceau de chaque lettre. Cherchez les *expéditeurs* :
la tante (1), l'ami (2), le rédacteur (3) :

Je vous remercie beaucoup du...   Lettre ☐

Mon vieux, merci.   Lettre ☐

Tu seras gentil de dire à ton père...   Lettre ☐

Vous êtes d'accord

Vous pouvez employer les expressions : *Je veux bien...; Je suis d'accord pour...; Je suis prêt à...; Comme vous, je...*

Dans une lettre à un ami, écrivez : *Bien sûr; C'est vrai; D'accord.*

Dans les autres lettres : *Vous avez tout à fait raison; Je suis entièrement d'accord pour...; Comme vous, j'ai...*

Attention ! Tout ce que l'on dit ne peut pas toujours s'écrire.

1 *participation :* présence, collaboration.
2 *objet :* but.

Objet : réunion du 3 mai 1979.

J'ai l'honneur de vous donner mon accord pour ma participation[1] à la réunion du 3 mai 1979 à ..., qui a pour objet[2]...

Lettre d'accord pour une réparation :

Objet : réparation de la voiture de M. Lamine DRAMÉ.

Dans votre lettre du 18 mai dernier, vous me donnez le prix des réparations à faire sur ma voiture Renault 4553 DC.
Je suis d'accord sur ce prix, pièces et travail compris.
Veuillez agréer...

Mon vieux,

D'accord pour le théâtre mercredi. Je serai à l'entrée à 17 h 30.

Cordialement,
Marc

Cartes de visite :

Vous recevez ceci d'un ami :

> ## Mamadou COULIBALY
> *trésorier du Syndicat d'Initiative vous prie d'assister à[1] la réunion du 10 mai, 19 heures.*

1 *assister à :* être présent à...

Vous répondez ceci...

> ## FODÉ YOULA
> *est entièrement d'accord pour assister à la réunion du 10 mai.*

Télégramme :

(Voir formule de télégramme, p. 90).

Donne accord pour envoi marchandises avion.

Jones

Vous n'êtes pas d'accord

Ces personnes (p. 45) ne sont pas d'accord.

Elles le disent durement : *Non! Jamais!...*

On peut dire qu'on n'est pas d'accord d'une façon plus agréable : *Je ne suis pas d'accord pour...*

ou d'une façon familière : *Ça ne va pas...; Je ne pense pas comme toi...*

Réponse à M. le Directeur de l'Enseignement :

Objet : Poste à Y...

Monsieur le Directeur,

Par lettre n⁰ ..., en date du ..., vous m'avez demandé de prendre la direction de l'École de... pour remplacer M. X..., malade.

J'ai le regret de vous faire savoir qu'il m'est impossible de prendre ce poste. En effet...

Je vous prie d'agréer...

Réponse à une lettre commerciale :

Monsieur,

Je reçois aujourd'hui votre lettre 438/AP du 2 juin avec une facture[1].

J'ai le regret de vous faire savoir que je ne suis pas du tout d'accord avec la somme portée sur cette facture. En effet, vous comptez 4 jours de travail pour 5 ouvriers, quand il y a eu seulement 3 jours de travail pour 4 ouvriers.

Je vous retourne cette facture en vous priant de l'étudier de nouveau.

Veuillez accepter...

1 *une facture :* feuille où est écrit ce que l'on doit.

Cartes de visite :

Vous recevez ceci :

André DUPONT

Président de l'Amicale des Anciens Élèves du Lycée B... vous serait obligé de lui faire savoir si vous êtes d'accord pour fixer[1] au 3 octobre la date de notre Assemblée Générale.

---

1 *fixer une date :* donner une date qui ne changera pas.

Vous pouvez répondre ceci :

Jean MARTIN

n'est pas d'accord pour la date du 3 octobre et vous écrira à ce sujet prochainement[2].

---

2 *prochainement :* bientôt.

Télégramme :

Impossible venir jeudi. Lettre suit. Baisers.
Annie.

Vous êtes obligé de...

Vous pouvez écrire à votre correspondant : *Je dois...; Je suis obligé de...; Je ne peux pas faire autrement...; Il faut que...*

Mais vous pouvez lui rappeler ce qu'il doit faire : *Tu dois...; N'oublie pas que tu dois...; Il faut que vous...*

Attention! Après *il faut que..., il est nécessaire que...,* employez le **subjonctif.** Si vous avez oublié le subjonctif, cherchez le présent (3e personne du pluriel).

Exemple : *Ils viennent... : il faut qu'ils viennent. Elle part : il est nécessaire qu'elle parte.*

Lettre à un chef de service :

1 *autoriser :* donner un accord.

Objet : demande d'autorisation[1] d'absence.

Je viens de recevoir un télégramme qui m'apprend que ma mère est très malade à F... Je suis obligé de partir immédiatement.

Je vous serais très reconnaissant de m'autoriser[1] à ne pas venir au bureau du... au...

Lettre d'une jeune fille à son amie qui l'avait invitée :

1 *contretemps :* ici, changement de date.

Ma chère amie,

Je suis forcée de retarder mon voyage. J'attends ma cousine Aïcha qui vient de Constantine. Je dois donc rester ici.

Je te remercie de ton invitation et suis désolée de ce contretemps[1] ; je t'écrirai pour te dire quand je pourrai venir.

Amicalement à toi.

Aïda DIOP

Lettre de réclamation :

1 *rappeler* : écrire ou dire une autre fois.
2 *abonnement* : prix payé pour recevoir la revue pendant 6 mois ou 1 an.

Carte de visite :

Vous avez attendu quelqu'un assez longtemps et vous devez partir. Vous laissez une carte de visite :

Monsieur le Rédacteur en chef,

Je tiens à vous faire savoir que je reçois très mal votre revue *Passe-Partout*.

En effet, pour l'année 1970, j'ai reçu les numéros 24, 25 et 28, mais je n'ai pas reçu les numéros 26 et 27. Voulez-vous me les faire envoyer?

Afin d'aider vos services, je me permets de vous rappeler[1] mon nom : A... N...; mon adresse... et le numéro d'abonnement[2] qui est sur chaque enveloppe : ...

Veuillez agréer...

ABDERAMANE DIAWARA

obligé de partir, regrette de n'avoir pas pu vous rencontrer et se permettra de vous demander un autre rendez-vous.

Vous choisissez

Dans une réponse à une lettre, quand vous devez faire un choix, vous pouvez utiliser *plaire;* par exemple :
Le voyage en bateau me plaît.

Ou *comparer : Le voyage en bateau me plaît plus que le voyage en avion; le voyage en avion me plaît moins que le voyage en bateau; le voyage en bateau me plaît autant que le voyage en avion...*

Si votre choix est fait, vous écrivez : *Je décide de...; Je choisis...*

Vous faites un achat sur catalogue (livre où sont les photographies et les prix des marchandises) :

Monsieur,

Dans le catalogue que vous m'avez envoyé, j'ai choisi l'appareil photographique n° D. 17-29. Je vous serais reconnaissant de me l'envoyer aux conditions données dans ce catalogue.

Je vous prie de trouver, ci-joint, un chèque de... pour paiement, frais d'envoi compris.

Veuillez agréer. ...

Vous êtes allemand. Vous avez un correspondant français. Il vous a demandé le métier qui vous intéresse. Vous lui répondez :

Cher ami,

Je te remercie de ta lettre du 25 août que je viens de recevoir. Tu écris l'allemand de mieux en mieux et je te félicite. Tu me demandes ce que je vais faire dans la vie.

J'ai demandé l'avis de mon professeur de mathématiques. Il pense que je suis assez fort pour pouvoir suivre les cours d'ingénieur des travaux publics. Alors c'est décidé : je serai ingénieur.

Et toi ? Est-ce que tu te décides pour la médecine ? Écris-moi.

Exercices :

1 Choisissez un cadeau sur ce catalogue.

Écrivez à vos parents pour leur dire ce que vous avez choisi.

Dites-leur pourquoi.

135 FRANCS

les plus belles photos avec

GUITARE
356 francs

COFFRET DE TROIS
DISQUES DE
POP MUSIC

TRANSISTOR
428 FRANCS

REFLEX
un objectif
623 FRS

2 Préférez-vous passer vos vacances :

— au bord de la mer,

— à la montagne,

— à l'étranger ?

Dites pourquoi.

Il vous semble que...

Vous dites *Jean est malade*. C'est clair.

Mais vous ne savez pas si Jean est vraiment malade. Vous dites alors : *Jean a l'air malade...; semble malade...; paraît malade... Je crois que Jean est malade...*

Dans des lettres, pour être poli, on emploie souvent : *Il me semble que...; Je crois que...*

Au lieu d'écrire, par exemple : *Ce compte n'est pas juste*, on écrira : *Il me semble que ce compte n'est pas juste...; Ce compte ne paraît pas juste...; Je crois que ce compte n'est pas juste.*

Vous avez écrit à un ministère et vous n'avez pas reçu de réponse. Vous écrivez à un chef de service :

1 *copie :* le double de la lettre originale.

Objet : Ma lettre du...

J'ai adressé, le ..., au Ministère de ..., une lettre pour demander ...

N'ayant reçu aucune réponse à cette demande, je pense que ma lettre n'est pas arrivée dans votre service.

Je me permets donc de vous en envoyer copie[1].

Je vous prie d'agréer, ...

Lettre à un libraire :

1 *erreur :* faute. Quelqu'un s'est trompé.

Librairie H...
Service Commercial
... rue ... à ...

Je viens de recevoir la commande n° ... que vous m'avez envoyée le ...

Je crois qu'il y a une erreur[1] d'envoi. Les livres que j'ai reçus ne sont pas ceux que j'ai commandés.

Je vous retourne donc cette commande. Je vous prie ...

Cher Jean,

Je suis allée hier à l'hôpital pour voir Anne. Ça ne va pas fort. Elle semble très fatiguée. Peux-tu passer la voir?
Amitiés.

Jeanne

Lettre à un ami :

Exercice :

Dites, de façon moins affirmative[1]

Ce n'est pas vrai.

Vous vous trompez.

Il est méchant.

Vous avez mon stylo.

Elle est très en colère.

1 Cherchez dans votre dictionnaire, ou demandez à votre professeur, le sens de ce mot.

Vous êtes certain de...

Vous êtes certain de quelque chose, vous pouvez employer :

C'est certain : *C'est certain, il ne viendra pas.*

Je suis sûr de...; Je suis certain de... : Je suis sûr de partir; Je suis certain de réussir.

Je suis sûr de ce que...; Je suis certain de ce que... : Je suis sûr de ce que j'ai entendu; Je suis certain de ce que j'ai vu.

Je peux dire que... : Je peux dire que ce n'est pas vrai; Je peux dire que je l'ai vu.

Je suis sûr et certain. A employer quand vous voulez dire fortement votre avis : *Je n'ai pas ton dictionnaire, j'en suis sûr et certain.*

Vous avez déjà payé une facture qu'on vous réclame :

Messieurs,

Par lettre 548/RL du 17 mars, vous me demandez le paiement de votre facture 3276, qui concerne la livraison d'une machine à laver.

Je suis certain que cette facture a été payée par mandat le 12 février.

Je vous prie ...

Une jeune fille invite des amies à une fête :

Chère amie,

Pour ma fête, j'invite des amies à déjeuner, le samedi 24 à midi. Peux-tu venir aussi ? Il y aura Fatou, Oumou, c'est certain. Coumba ne viendra pas, j'en suis sûre. Elle a beaucoup à faire en ce moment et elle m'a déjà dit qu'elle ne pourra pas venir.

Je compte sur toi. Réponds-moi vite. Amitiés.

M. le Directeur
de la Compagnie d'Assurances X...

Monsieur le Directeur,

Vous avez vu un accident :

J'ai bien reçu votre lettre n⁰ 5478 du 18 janvier, dans laquelle vous me demandez si j'ai vu l'accident qui a eu lieu le jeudi 27 décembre à 8 heures, place...

Télégramme :

Un ami allemand vous a écrit qu'il pensait prendre l'avion, le 3 mars, pour venir vous voir. Il vous envoie un télégramme pour vous confirmer (vous redire) la date de son arrivée.

Confirme arrivée 3 mars vol 3824, 16 h 30, Orly.
Amitiés.

Siegfried

Vous n'êtes pas certain de...

Vous ne pouvez pas donner une réponse certaine. Employez :

Peut-être...; C'est possible... : *Il viendra peut-être. Il viendra, c'est possible.*

Il est possible que...; qu'il... : **attention!** il faut employer le subjonctif : *Il est possible qu'elle vienne...*

Je ne suis pas sûr...; Je ne suis pas certain... : **attention!** il faut employer le subjonctif : *Je ne suis pas sûr qu'il vienne...*

Je ne sais pas, je me demande... (si, quand, où, comment, pourquoi) : *Je ne sais pas s'il va venir. Je me demande quand il viendra.*

Vers le... : pour indiquer l'heure, le jour, la date, sans donner de précisions : *Je viendrai vers le 15... J'arriverai vers 7 h.*

Prolongation d'absence pour maladie :

1 *prolonger* : faire durer plus longtemps.

Objet : demande de prolongation d'absence de M. Ibrahima Larsana.

Après l'accident que j'ai eu la semaine dernière, je ne suis pas certain de pouvoir reprendre mon travail mardi.

Veuillez trouver ci-joint les certificats du docteur. Je ne manquerai pas de vous faire savoir s'il prolonge[1] mon congé de maladie.

Je vous prie...

Lettre à un correspondant français :

Mon cher Jacques,

Je commence mes examens demain. Je ne suis pas certain de réussir. J'ai beaucoup travaillé, mais je me demande si tout se terminera bien. Il faut avoir aussi... un peu de chance !

Je t'écrirai bientôt pour te dire comment cela s'est passé.

Bien à toi,

Carlos

Ma chère Doussou,

Je reçois aujourd'hui une lettre d'Aminata. Elle me dit que vous n'êtes plus d'accord pour passer les vacances à Dakar.

Je ne sais que penser. Pourquoi avez-vous changé d'idée ?

Écris-moi, parce que je ne sais pas si je pourrai te voir avant la fin du mois.

Maïmouna

Exercice :

Modifiez ces phrases : la personne qui parle n'est pas certaine que tout cela se passe.

Il sera reçu à son examen ....

J'arriverai le 20 ....

Je prendrai l'avion ....

Tu partira pour Oran ....

N'oubliez pas de...

Vous pouvez écrire une lettre pour demander à votre correspondant de faire attention :

S'il y a un danger, des difficultés : *Attention ! il n'y a pas d'avion le dimanche.*

Faites attention à la route n° 5, elle est dangereuse !

S'il risque d'oublier : *N'oubliez pas de dire à votre frère que je l'attends.*

Si vous voulez être renseigné : *Prévenez-moi de l'heure de votre arrivée.*

Si vous voulez lui rappeler quelque chose d'important : *Surtout, n'oubliez pas votre passeport.*

Demande de précision de date :

Monsieur le Directeur,

Par votre lettre 4589/RB/DE du 17 mars, vous me faites savoir que j'ai obtenu une bourse[1] pour continuer mes études d'ingénieur en France.

Je vous serais très obligé de me prévenir de la date à laquelle je dois être à Paris car je dois, dès maintenant, organiser mon emploi du temps.

Je vous remercie de votre amabilité et je vous prie ...

1 *bourse :* somme d'argent donnée par l'État ou une Fondation, qui permet à un étudiant de continuer ses études.

Quelques lignes à un bon camarade :

Mon vieux,

Je t'attends jeudi. Surtout pense à apporter ton appareil de projection. Amitiés.

Demande d'envoi d'un *curriculum vitæ:*

Mademoiselle,

J'ai bien reçu votre demande d'inscription pour l'école hôtelière de Paris, mais vous avez oublié de joindre à cette demande votre curriculum vitæ.

N'oubliez pas de m'envoyer par le même courrier le montant des frais d'inscription à l'école.

Je vous prie ...

Lettre à un correspondant français :

Cher ami,

J'ai bien reçu ta lettre du 28 et je suis heureux que tu viennes passer quelques jours avec nous. Préviens-moi, s'il te plaît, du jour et de l'heure de ton arrivée. Je viendrai te chercher à la gare. N'oublie pas de m'apporter les livres que j'ai oubliés chez toi. Fais attention : tu dois changer de train à Francfort.

A bientôt.

A mon avis

Dans une lettre, on doit souvent donner son avis, faire connaître son point de vue, mais avec moins de force que dans les pages précédentes. Vous pouvez employer :

dans une lettre amicale : *Pour moi, c'est bien...; Pour moi, il n'y a pas de difficultés...*

dans une lettre sérieuse : *Je pense que le mieux est de...; Je pense qu'il est bon de...; Je pense qu'il est nécessaire de...; A mon avis, le mieux est de...; Je trouve qu'il est nécessaire de...*

dans une lettre très sérieuse : *Je juge que... (Je juge que dans cette affaire vous avez tort.)*

Pour exprimer des idées générales, employer : *A mon avis, il faut...*

Vous recevez en deux exemplaires une revue à laquelle vous êtes abonné pour un seul :

A Monsieur le Rédacteur en chef
de la revue *Quoi de neuf?*

Objet : abonnement de Mlle Maïmouna MAGATA — 5 rue de la Porte, COTONOU (République Populaire du Bénin).

Monsieur le Rédacteur en chef,

Depuis le mois d'octobre 1970, je reçois deux numéros à la fois de la revue *Quoi de neuf?*

Je pense qu'il y a une erreur que j'ai tenu à vous faire connaître.

Je vous prie...

Objet : votre demande de renseignements.

Monsieur,

Par lettre en date du..., vous avez bien voulu me demander mon avis pour l'organisation d'un voyage d'étudiants français au Mexique.

Je pense qu'il est préférable que... parce que...

Veuillez agréer...

Vous travaillez dans une agence de voyages au Mexique et vous répondez à un correspondant français :

Cher directeur et ami,

Vous me demandez, dans votre lettre du..., mon avis sur la jeune Aïda SANGARÉ.

Je pense que c'est une jeune fille sérieuse et intelligente. A mon avis, elle peut faire une très bonne secrétaire dès qu'elle aura l'habitude du travail de bureau.

Amicalement,

M. CISSOKO

Je vous dis que...

Quand vous êtes certain, quand vous êtes d'accord ou quand vous n'êtes pas d'accord, vous pouvez le dire avec force.

Certaines formes ne sont pas très polies. Il faut les employer dans certains cas seulement.

Je vous dis que...; Je vous répète que...; Il n'y a pas à discuter...

La forme très polie est :

Je tiens à vous faire connaître que...; Je me permets de vous faire remarquer que...

Monsieur René BADIN
aux bons soins du journal *L'Information*.

Lettre à un journaliste :

Monsieur,

J'ai lu votre article *La faim dans le monde*, dans le journal *L'Information* du 26 juillet.

Je tiens à vous dire que je suis tout à fait d'accord avec ce que vous avez écrit.

Vous avez entièrement raison de dire qu'il faut un accord entre tous les pays pour trouver une solution à ce problème.

Veuillez...

Lettre à un ami :

Mon vieux,

Tu veux partir le 27 au lieu du 28. Mais nos billets sont pris et nos places sont retenues pour le 28 comme prévu. Je viens de téléphoner à l'aéroport : il n'y a plus à discuter, aucune place n'est libre pour le 27.   Je t'embrasse.

Monsieur,

Vous me demandez encore une fois le paiement des travaux que vous avez faits dans ma salle de bain et dans ma cuisine.

Je vous répète que je vous ai envoyé un mandat de 456 F le 16 janvier. J'ai, d'ailleurs, un reçu de la poste.

Je vous prie ...

Exercice :

Voici quatre réponses. Classez-les, en commençant par la plus polie :

Je vous dis qu'il y a une erreur.

Je vous répète qu'il y a une erreur.

Je me permets de vous faire remarquer qu'il y a une erreur.

Ne pensez-vous pas qu'il y a une erreur ?

Vous avez l'habitude de...

Votre correspondant français vous demande comment vous vivez dans votre pays. Vous répondez en lui disant ce que vous faites, quelles sont vos habitudes. Vous pouvez employer :

D'habitude je...; J'ai l'habitude de...

Tous les jours...; A la même heure..., pour dire ce qui ne change pas dans le temps.

Toujours pareil...; Toujours le même...; Toujours la même chose..., pour dire ce qui ne change pas dans la manière d'être, de vivre.

Très souvent..., pour dire ce qui arrive mais pas toujours. *Il est très souvent malade; Elle est très souvent absente.*

Demande d'emploi à un directeur :

1 *poser sa candidature à un poste :* vouloir travailler à...

2 *curriculum vitæ :* feuille où l'on écrit ce que l'on a fait. Voir page 13.

3 *certificat :* papier officiel.

Monsieur le Directeur,

J'ai l'honneur de poser ma candidature au poste[1] de ... dans votre maison.

J'ai travaillé pendant 5 ans à ..., comme ... et j'ai une grande habitude de ce travail.

Je vous prie de trouver ci-joint mon *curriculum vitæ*[2] et un certificat[3] de mon dernier employeur.

Veuillez agréer...

Demande de location :

Monsieur,

Je passe d'habitude mes vacances au bord de la mer. Mais cette année, je voudrais changer. Avez-vous une petite maison à louer à ... au mois d'août pour quatre personnes ?

Pouvez-vous me donner une réponse le plus rapidement possible ?

Je vous prie ...

PRIÈRE FAIRE ENVOI AVION COMME HABITUDE.

Un télégramme :

Expéditeur : *Moriba YOULA. Pharmacien. «7, rue P..., à ...*

Destinataire : *Laboratoire CENTRAL, 57, cours Gambetta, 33000 Bordeaux, France.*

Exercice :

Terminez ces phrases :

La doctoresse a l'habitude de ....

Tous les jours, le chauffeur de taxi ....

La secrétaire se sert très souvent ....

Chaque matin, je ....

Tom utilise ....

A la même heure, Julie regarde ....

Vous n'êtes pas content de...

Ce monsieur (p. 65) téléphone au bureau des réclamations. Il arrive que, par lettre, vous devez vous plaindre ou réclamer quelque chose.

Dans une lettre très familière, employez : *Ça ne va pas...; Je ne suis pas content de...*

Dans une lettre plus sérieuse, employez : *Je me plains de...; Je ne suis pas satisfait de...; J'ai le regret de vous faire savoir que...*

Si vous vous plaignez à la police, vous déposez une plainte contre...

Lettre de réclamation :

Monsieur le Directeur des Postes

Objet : réclamation.

Le 17 avril 1976, j'ai remis au bureau de poste n⁰ 245 à... un paquet recommandé dont le destinataire était Monsieur ... à ... Ce paquet n'est pas arrivé.

Je vous serais obligé de demander à vos services de faire les recherches nécessaires pour que cet envoi soit fait le plus rapidement possible.

1 *récépissé* : voir p. 26.

Ci-joint photocopie du récépissé[1].

Lettre de **réclamation :**

Monsieur le Directeur,

J'ai bien reçu les trois caisses de champagne qui correspondent à ma commande 265.

J'ai le regret de vous faire savoir que cinq bouteilles sont arrivées cassées.

Je vous serais recounaissant de bien vouloir avertir votre compagnie d'assurances de cette affaire et je vous prie ...

Bonjour,

Dis donc, ça ne va pas du tout. Je t'ai attendu hier au café Dupont de 2 heures à 4 heures, et tu n'es pas venu.

J'en ai marre, de t'attendre !

Qu'est-ce qui se passe ?

Écris-moi. Amitiés.

Paul

1 *j'en ai marre :* forme très familière pour :

J'en ai assez de ...
Je suis fatigué de...

S'emploie à l'oral, ou avec de très bons camarades.

Exercice :

A qui s'adressent ces phrases : à un garagiste ? à la police ? à un ami ?

Vous me dites que nous déjeunerons ensemble le 15. Ça ne va pas du tout. A cette date, je pars pour ....

Je dépose une plainte contre M. Durand, 19, rue de Versailles à Viroflay, pour les faits suivants : le 15 mai ....

Je ne suis pas satisfait de la réparation ....

Vous changez de...

Par écrit, vous dites à votre correspondant :

que vous *changez d'idée, d'avis;*

que vous voyagerez *d'une autre façon;* que vous voyez les choses *d'une autre façon que lui...;* que *c'est différent...;* que *ce n'est pas pareil.*

Si vous ne changez pas d'avis, vous pouvez écrire :

Rien de changé...; Pas de changements...; Comme prévu...; Par le même moyen...; De la même façon.

M. Jaime Sancherio,
7 rue ..., à ...

à M. le Directeur
de l'Agence Air France à ...

Monsieur le Directeur,

Vous écrivez pour demander qu'on change la date d'un billet d'avion :

Vous m'avez établi[1] un billet pour l'avion Air France, vol 438, du ..., à destination de ... J'ai changé d'avis. Je veux prendre le même avion, à la même heure, le ... au lieu du ...

Je vous prie de prendre note de ce changement de date, d'établir mon billet à la date du ... et de me l'envoyer à l'adresse ci-dessus.

1 *établir :* préparer.

Veuillez...

Mon cher Jean,

Lettre à un ami pour lui dire que votre heure d'arrivée est changée :

J'ai changé d'idée. Je viendrai par le train de 9 heures et non par celui de 11 heures. Pour le retour, pas de changement. A bientôt. Amitiés.

Fodé

Ma chère Ilda,

Vous écrivez à une amie pour lui dire que vous avez changé d'adresse :

Quelques lignes seulement pour te dire que j'ai changé d'adresse. J'habite maintenant 3, rue de la République.

Peux-tu venir me voir jeudi prochain à 10 heures ?   Amitiés.

Télégramme :

CHANGEMENT DATE RÉUNION = 27 AU LIEU DU 24 MAI. MÊME HEURE - MÊME ENDROIT - AMITIÉS.
Abdoulaye BA.

Exercice :

Après vingt ans, ces personnes ont changé d'avis. Faites-les parler.

67

Vous espérez que...

Toutes ces personnes forment des vœux pour le malade, souhaitent qu'il se porte mieux, ont l'espoir de le voir guéri rapidement.

Dans les lettres, on doit souvent former des vœux. En particulier, au début de l'année, on envoie des cartes de vœux. On emploie alors des formes simplifiées : *Bonne année! Heureuse année!*

De même, on dira : *Meilleure santé! Bonne chance! Heureux succès!* etc.

On écrira sur une carte de visite : *Avec ses souhaits de meilleure santé! Avec ses vœux d'heureux succès!...*

Attention! Après *souhaiter que,* il faut employer le subjonctif : *Je souhaite qu'il vienne...; qu'il aille mieux...; que tu sois reçu...; qu'elle guérisse.*

Gretel a reçu le faire-part suivant :

> *Monsieur et Madame Jacques Dumontier ont la joie de vous faire part de la naissance de CAMILLE.*
>
> *Paris, le 18 avril 1979*

Elle répond :

> Chère Madame,
>
> J'ai appris avec joie la naissance de la petite Camille.
>
> J'espère que le bébé et la maman se portent bien.
>
> Je souhaite que Camille soit aussi gentille que sa sœur. J'aimerais la connaître pendant mon prochain séjour à Paris.
>
> Croyez, vous et les vôtres, à mes sentiments amicaux.
>
> Gretel

Carte de visite :

> Jean DUMOULIN
> *avec ses vœux de succès.*

Carte de vœux :

LES MATELAS BON'RONRON VOUS SOUHAITENT UNE BONNE ANNÉE et 365 nuits de rêve....

Vœux de bonne année :

Cher ami,

Pour la nouvelle année, je t'envoie pour toi-même et pour toute ta famille mes vœux les meilleurs et les plus sincères. J'espère que cette année sera très bonne pour toi et j'ai l'espoir de te voir au mois de juillet. Amitiés.

Vous avez besoin de...

Dans une lettre, vous pouvez avoir à demander quelque chose de nécessaire.

Vous pouvez employer : *J'ai besoin de...; Il me faut...; Il me faudrait...* (plus poli).

Vous pouvez, aussi, demander ce qui vous manque : *Il me manque...*

Toutes ces façons de demander sont meilleures que : *Avez-vous...? Donnez-moi...; Envoyez-moi...*

Envoi de papiers pour une demande de bourse :

Monsieur le Conseiller Culturel,

Vous m'avez envoyé, par lettre n° 245/TR/BC, la liste des papiers nécessaires pour établir une demande de bourse pour la France.

Je vous envoie tous ces papiers sauf la copie du baccalauréat qui me manque. J'ai besoin de quelques jours pour en avoir une copie officielle.

Je vous l'enverrai dès que possible.
Veuillez agréer ...

Demande de renseignements complémentaires :

Monsieur,

J'ai bien reçu votre lettre du 12 février, dans laquelle vous me donnez les prix du vin de Bordeaux par caisse de 12 bouteilles.

Avant de passer commande, j'ai besoin de connaître le prix du transport. Pouvez-vous me faire savoir ce prix par caisse ? Il me faut, aussi, le montant de l'assurance.

Je vous prie ...

Chère Françoise,

Nous allons jouer une petite pièce de Courteline.
Je dois m'occuper des costumes.
Peux-tu m'envoyer des photos de costumes 1900 (hommes et femmes). Cela m'aiderait beaucoup.
Réponds-moi vite.
Amitiés.

Conrad

Lettre à une correspondante française :

Télégramme :

Ai besoin urgence 1 000 francs. Envoyez mandat télégraphique.

John

Exercice :

Vous voulez téléphoner dans un bureau de poste. De quoi avez-vous besoin?

Vous faites des excuses

Dans la vie courante, on a souvent à dire : *Pardon! Excusez-moi! Pardonnez-moi!*

Par lettre, on doit aussi s'excuser d'un oubli, d'un retard, d'une erreur, etc.

Dans une lettre à une personne importante, employez :

Veuillez m'excuser...; Je vous prie d'accepter mes excuses...; Je vous présente mes excuses...

Vous vous excusez de ne pas avoir assisté à une réunion :

Chère Madame,

Veuillez m'excuser de n'avoir pas assisté à la réunion d'hier.

J'ai été prévenu trop tard et je n'ai pas pu me rendre libre.

Je vous prie...

Kurt WALHEIM

Lettre à votre correspondant français :

Cher ami,

Je viens de m'apercevoir que, dans ma dernière lettre, j'ai oublié de mettre les timbres que je t'avais promis.

Pardonne-moi cet oubli.

Je te les envoie aujourd'hui.

Bien à toi.

Amitiés.

Jacqueline VAN DER GUCHT

Ma chère amie,

Je suis arrivée en retard à notre rendez-vous. Tu étais déjà partie. Pardonne-moi de t'avoir fait attendre, j'ai été retardée au dernier moment.

Téléphone-moi, je te prie, pour prendre un autre rendez-vous.

Excuse-moi. Très amicalement.

Monique

AMADY TOURÉ

retenu par des engagements anté-rieurs[1], vous prie de l'excuser de ne pouvoir se rendre à votre aimable invitation.

---

1 *des engagements antérieurs :* son temps est pris depuis longtemps.

Vous êtes intéressé par...

Vous écrivez à votre correspondant ce qui vous intéresse :

Je suis intéressé par...; Cette idée offre de l'intérêt...; Ce voyage présente beaucoup d'intérêt.

Vous répondez à ce qu'il vous propose :

Je vais étudier cette question...; Je vais tenir compte de votre avis...; Je vais penser à ce problème...

Dans les lettres officielles, on emploie souvent : *Mon attention a été attirée sur...*

Demande d'emploi :
réponse à une petite annonce :

Cherche secrétaire anglais, français.
Écrire B.P. 36, COTONOU.

Curriculum vitæ : voir p. 13.

Monsieur le Directeur,

J'ai lu dans les petites annonces du journal *L'Information du* ... que vous demandez une secrétaire parlant anglais et français.

Je suis très intéressée par ce poste et je vous prie de bien vouloir trouver ci-joint mon *curriculum vitæ*[1].

Veuillez agréer ...

Lettre à votre correspondante française :

Ma chère Jeanne,

Notre professeur m'a demandé d'étudier la vie de Victor Hugo. Connais-tu un livre que je peux lire facilement ? Je dois étudier le livre et ensuite, pendant dix minutes, je dois en parler en français à mes camarades de classe.

Si tu trouves ce livre, peux-tu me l'envoyer par avion ?

Merci. `Amitiés.

Mary PURCELL

Lettre au directeur d'un ciné-club :

Monsieur le Directeur,

Je suis intéressé par votre Ciné-Club. Pouvez-vous m'envoyer le programme et les conditions d'inscription ?

Je vous en remercie vivement...

Demande de catalogue :

Messieurs,

Je suis intéressé par les meubles bretons. J'aimerais recevoir votre catalogue.

Dès que je l'aurai reçu, je vais l'étudier et je vous passerai une commande.

Veuillez agréer ...

Exercice :

Complétez, en utilisant les expressions précédentes :

.... ce film.

Ce film ....

.... ce qu'il m'a dit.

.... de votre avis.

75

Vous vous apercevez que...

Le monsieur a oublié son portefeuille : il *s'en aperçoit,* le garçon *s'en rend compte.*

Quand vous voyez rapidement, quand vous jugez rapidement, vous pouvez employer : *Soudain, je m'aperçois que...; Brusquement, je m'aperçois que...; Hier, j'ai aperçu Jean au cinéma...*

Quand vous écrivez une lettre administrative destinée à un supérieur, vous commencez par : *J'ai l'honneur de vous rendre compte...* (Vous faites un *compte rendu.)*

Si vous avez reçu un avis, vous dites : *Je vais tenir compte de...*

Le Directeur du collège M...
à

Madame l'Inspectrice de l'Éducation.

Lettre d'accompagnement d'un compte rendu :

OBJET : Compte rendu d'une réunion du Conseil du Collège.

J'ai l'honneur de vous adresser ci-joint le compte-rendu de la réunion du Conseil du Collège qui s'est tenue le 12 juin 1978.
J'attire votre attention sur la demande présentée par le Conseil, et qui concerne le changement d'horaire pour la prochaine rentrée.
Je vous serais reconnaissant de me donner votre avis sur cette question.

Chère amie,

En relisant mon courrier, je m'aperçois que je n'ai pas encore répondu à votre aimable lettre du 16 juin. Pardonnez-moi ce retard, mais...

Lettre à un correspondant français :

Mon cher René,

J'ai terminé mon travail sur le théâtre français au XVIIe siècle. Je me rends compte qu'il y a beaucoup de fautes de français. Je t'envoie le texte. Peux-tu me le corriger ? Merci mille fois. Amicalement.

John

Monsieur,

En étudiant vos factures n° 4524, 4528 et 4536, je me suis aperçu qu'il y avait une erreur dans ces trois documents.

En effet, vous avez pour habitude de me faire pour ces commandes 5 pour 100 de remise[1] et vos services ont oublié de me faire cette diminution.

Afin d'éviter du retard dans les paiements, je fais moi-même cette diminution et je vous prie de trouver ci-joint, à votre ordre[2], un chèque couvrant l'ensemble de ces factures.

Je pense que vous serez d'accord...

1 *remise :* diminution du prix faite à certains clients.

2 *à votre ordre :* se dit pour un chèque (à votre nom).

77

Vous avez peur de...

Dans une lettre, vous pouvez avoir à faire une *demande difficile.* Employez alors :

J'ai peur de...; Je crains de...; Je ne veux pas vous...; Je suis gêné de...; Je n'ose vous...; Je ne sais comment...

Toutes ces formes servent à écrire une demande difficile mais que, cependant, vous devez faire.

On peut employer : *Je ne sais comment...* pour remercier. On peut l'employer aussi quand les mots paraissent insuffisants pour s'exprimer (deuil, par exemple).

Réponse à une invitation des parents de votre correspondant :

Cher Monsieur,

Vous avez eu l'amabilité de m'inviter à passer quelques jours chez vous. Je n'ose accepter, car j'ai peur de vous déranger. Je serai certainement heureux de vous revoir et de revoir Jean à une autre occasion.

Je vous écrirai prochainement.

Je vous remercie de votre invitation et je vous prie...

John KELLER

Vous demandez une aide à un ami :

Mon cher ami,

Je suis très gêné de te demander de me prêter 500 francs jusqu'à la fin du mois.

J'ai en ce moment des dépenses que je n'avais pas prévues et tu m'aiderais beaucoup en me prêtant cette somme.

Je ne sais comment t'en remercier d'avance.

Bien à toi,

Carlos

JULIUS DOMPTEUR

J'ai peur de vous téléphoner... Je n'ose pas vous parler... Je ne sais pas comment vous dire que...

Vous remerciez pour des cadeaux :

Ma chère Aïda,

Comme j'ai été heureuse en recevant tes cadeaux! Je ne peux pas te dire combien j'ai été contente de recevoir tout cela.

Les disques, en particulier, m'ont fait très plaisir et je les écoute souvent.

J'ai peur de choisir des cadeaux pour toi, car je ne trouverai pas d'aussi jolies choses à t'envoyer.

Merci mille fois. Amitiés.

Fatou

Exercice :

Complétez :

.... déranger en ....

.... remercier pour ....

.... demander de ....

Exercices

Avant d'écrire, relisez les pages du livre.

- **Vous demandez** (p. 38) :

1 Demandez à une ambassade l'adresse d'une école, d'un institut.

2 Demandez à un ami l'adresse d'un autre ami.

- **Vous remerciez** (p. 40) :

1 Remerciez des amis qui vous ont invité à déjeuner.

2 Remerciez la directrice de l'école qui vous a trouvé du travail.

- **Vous êtes d'accord** (p. 42) :

1 Complétez :

Je suis d'accord pour ....   Je suis prêt à ....
Je vous promets de ....certainement... ....
Je veux bien ....   Bien sûr, je veux ....

2 Faites des flèches :

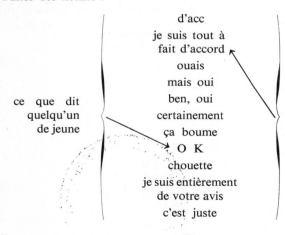

ce que dit quelqu'un de jeune

d'acc
je suis tout à
fait d'accord
ouais
mais oui
ben, oui
certainement
ça boume
O K
chouette
je suis entièrement
de votre avis
c'est juste

ce que dit une personne plus âgée.

3 Réponse rapide à un ami qui vous a donné un rendez-vous.

4 Lettre d'accord pour la commande d'une voiture.

● **Vous n'êtes pas d'accord** (p. 44) :

1 Voici trois phrases. Quelle est la plus familière? La plus polie?

— Non, je ne peux pas aller au cinéma avec vous.

— Je ne suis pas d'accord pour voir ce film.

— Je crains que ce film ne soit pas bon.

2 Vous devez faire un voyage en auto avec des amis. Vous n'êtes pas d'accord avec eux sur les routes à prendre, les villes à visiter. Vous leur écrivez...

● **Vous êtes obligé de...** (p. 46) :

1 Répondez par des phrases différentes en employant : Je dois...; Il faut que...; Il est nécessaire que...; Je suis obligé de...; Je suis forcé de...

« Est-ce que vous devez sortir? — Oui, il faut que .... »

« Est-ce que vous pouvez rester? — Non, ... »

« Est-ce que vous pouvez m'aider? — Non, ... »

« Est-ce que Jacqueline vient avec nous? — Non, ... »

2 Vous avez un rendez-vous, mais vous devez faire quelque chose de plus important. Écrivez pour vous expliquer.

3 Écrivez à votre correspondant pour lui dire ce que vous faites au lycée.

● **Vous choisissez** (p. 48) :

1 Une agence de voyages peut vous faire partir par bateau, par avion ou par chemin de fer. Répondez.

2 Des amis vous demandent de passer deux jours en fin de semaine chez eux. Vous préférez rester chez vous. Répondez.

● **Il vous semble que...** (p. 50) :

Vous avez perdu un objet. Écrivez à un ami pour lui demander si cet objet n'est pas chez lui.

● **Vous êtes certain de...** (p. 52) :

1 Complétez :

.... c'est vrai.

Je suis certain de ....

.... j'en suis sûr et certain.

Je suis sûr de ....

2 Un grand magasin vous envoie quelque chose que vous n'avez pas commandé. Écrivez.

3 Vous avez vu un accident. La police vous demande d'écrire ce que vous avez vu.

● **Vous n'êtes pas certain de...** (p. 54) :

1 Vous devez acheter un cadeau. Vous ne savez pas quoi choisir. Vous demandez à un ami.

2 Vous avez reçu une demande de renseignements peu claire. Répondez.

● **N'oubliez pas de...** (p. 56) :

1 Vous laissez une note à une secrétaire pour lui demander de faire attention à... de ne pas oublier...

2 Terminez les phrases :

Quand vous allez voter, n'oubliez pas de ....

Si vous partez à l'étranger, n'oubliez pas de ....

.... de faire suivre votre courrier.

.... de mettre un timbre.

.... n'oubliez pas de ....

● **A mon avis...** (p. 58) :

1
DURUY CONDAMNÉ A MORT, LA FOULE MANIFESTE

Vous lisez ce titre dans le journal.

Donnez votre avis.

Donnez l'avis — de votre père,
               — de votre grand-mère,
               — de votre jeune sœur.

2 Vous trouvez que les programmes de radio ou de télévision ne sont pas bons. Écrivez.

● **Je vous dis que...** (p. 60) :

Vous répondez à un ami pour lui dire que vous êtes tout à fait d'accord avec lui sur la date et le lieu des prochaines vacances que vous passerez ensemble.

- **Vous avez l'habitude de...** (p. 62) :

1 Écrivez à votre correspondant pour lui parler du sport que vous pratiquez d'habitude.

2 Vous lui écrivez une autre lettre pour lui donner le nom des films (ou des chansons) que vous préférez.

- **Vous n'êtes pas content de...** (p. 64) :

1 Mettez F (familier), A (administratif), S (sérieux), devant les phrases suivantes :

☐ Je viens porter plainte contre Monsieur H...
☐ Je ne suis pas content.
☐ Ça ne va pas.
☐ Je ne suis pas satisfait (te).
☐ Je vais me plaindre au directeur.
☐ J'ai le regret de vous faire savoir que...

2 Déposez une plainte écrite à la police pour le vol d'une bicyclette.

- **Vous changez de...** (p. 66) :

1 Écrivez à votre correspondant pour lui dire ce qui a changé ces dernières années dans votre ville ou dans votre pays.

2 Vous avez changé de classe. Écrivez à votre frère pour lui dire ce qui est pareil, ce qui a changé.

3 Votre mère, ou vous-même, changez de voiture. Qu'est-ce qui a changé? Qu'est-ce qui est pareil?

4 Dans un journal, vous lisez :

EN FRANCE, CHANGEMENT DE GOUVERNEMENT

Renseignez-vous et dites, par écrit, ce que cela veut dire.

5 Faites un télégramme pour dire à un ami que vous changez votre date d'arrivée chez lui.

- **Vous espérez que...** (p. 68) :

1 Écrivez des cartes de visite que vous enverrez :
— pour le 1er janvier;
— à un malade;
— à un ami qui part en voyage.

2 Employez les expressions suivantes :

Vous viendrez; vous veniez; vous voir venir; dans les phrases : J'ai l'espoir de...; J'espère que...; Je souhaite que...

- **Vous avez besoin de...** (p. 70) :

1

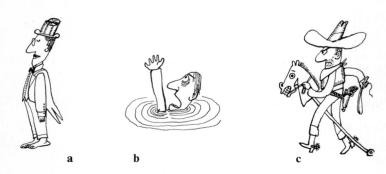

a/ Qu'est-ce qu'il lui manque?
b/ De quoi a-t-il besoin?
c/ Qu'est-ce qu'il lui faut?

2 Écrivez à votre mairie pour demander un acte de naissance.

3 Vous partez dans un pays étranger pour six mois. Demandez ce que vous devez emporter comme vêtements.

- **Vous faites des excuses** (p. 72) :

Vous avez perdu un livre qu'on vous avait prêté.

2 Vous vous excusez de répondre très en retard à une lettre.

3 Rédigez une lettre pour vous excuser de ne pas avoir été à un rendez-vous :
— avec un client,
— chez un médecin,
— avec un camarade de classe.

4 Vous avez reçu une lettre au mois de janvier. Vous répondez au mois de juillet.

Comment commencez-vous la lettre de réponse...

— à un oncle,

— à votre assureur (qui vous demandait de l'argent),

— à votre correspondant français.

● **Vous êtes intéressé par...** (p. 74) :

1 Vous êtes intéressé par l'achat d'un fusil de chasse sur un catalogue. Écrivez.

2 Vous lisez cette annonce dans un journal :

PARTICULIER VEND MOTO 6 000 KM. ÉTAT NEUF. MARQUE JAPONAISE. PRIX INTÉRESSANT. ÉCRIRE TANAKA, 30, PLACE DES PEUPLIERS, 75013 PARIS.

Vous êtes intéressé par cette offre. Répondez.

● **Vous vous apercevez que...** (p. 76) :

1 Complétez :

— Je passais rue de la République. Soudain, | j'aperçois ....
| je m'aperçois que ....

— J'allais entrer chez moi quand, brusquement, | j'aperçois ....
| je m'aperçois que ....

2 Vous rendez compte d'un accident.

3 Vous avez acheté une voiture d'occasion. Décrivez-la.

● **Vous avez peur de...** (p. 78) :

1 Demandez de l'argent à un ami.

2 Vous avez peur d'annoncer à vos parents que vous n'irez pas les voir.

Faire-part et réponses

Les faire-part sont envoyés à l'occasion :

d'une naissance

vous recevez

Monsieur et Madame
FODÉ DIADOUMÉ
*ont le plaisir de vous faire part de la
naissance de leur fille Fatou.
47, rue ....
.................................*

vous répondez

Monsieur et Madame
BAKARY CISSÉ
*vous adressent leurs plus sincères
félicitations à l'occasion de la naissance de Fatou.*

d'un décès

vous recevez

Madame Jacques MARTIN ;
Antoine et Claire MARTIN ;
Monsieur et Madame Joseph DURAND et leurs enfants ;
Et toute la famille,

Ont la douleur de vous faire part de la perte cruelle qu'ils viennent d'éprouver
en la personne de

Monsieur Jacques MARTIN

leur époux, père, gendre, frère, beau-frère, oncle et cousin, pieusement décédé le 14 novembre 1979,
à Paris, dans sa 69e année.

Priez pour Lui !

La Cérémonie religieuse sera célébrée le **Mercredi 17 courant**, à **10 heures 30 précises**, en
l'Église Saint-Sulpice (Place Saint-Sulpice), sa paroisse.
On se réunira à l'Église

L'inhumation aura lieu ultérieurement dans le Caveau de famille.

69, rue du Cherche-Midi, Paris-6e.

vous répondez

INGRID MARGBER
*vous prie d'accepter l'expression de
sa sympathie et vous adresse ses
plus sincères condoléances.*

d'un mariage

vous recevez

*Monsieur de Castilla,
Croix de Guerre 1914-1918,
et Madame de Castilla,
Madame Lacour-Gayet,
Monsieur et Madame
Jean de Castilla,
ont l'honneur de vous faire part du
mariage de Mademoiselle Sabine
de Castilla, leur petite-fille et fille,
avec Monsieur Yves Robin-Cham-
pigneul, Ancien Elève de l'Ecole
Polytechnique, Ingénieur au Corps
des Télécommunications, Master of
Science of the University of
California-Berkeley.*

*Et vous prient d'assister à la
Messe de Mariage qui sera célébrée
par Monsieur le Chanoine Piéplu,
Curé de Saint Pierre de Chaillot,
le Samedi 18 Janvier 1979, à
15 h 30, en l'Eglise Saint Pierre
de Chaillot.*

*La Tuilerie, 61 - Sille-en-Goufforn
194, rue de Rivoli - Paris 1er
37, av. Charles-Floquet - Paris 7e*

vous répondez

Monsieur et Madame
Pablo RIVERA
*adressent leurs félicitations aux
parents et leurs vœux de bonheur
aux jeunes époux.*

d'une invitation

vous recevez

A l'occasion de la sortie de
« Écrire à tout le monde »
dans la nouvelle
collection « OUTILS »,
la librairie Hachette
vous prie d'assister à un cocktail,
dans les salons du 24 boulevard
Saint-Michel, le 15 décembre 1978,
à partir de 19 heures.

R.S.V.P.

vous répondez

Madame Conchita Perez
vous remercie de votre aimable
invitation, à laquelle elle ne man-
quera pas de se rendre.

Vous pouvez aussi envoyer :
des vœux de guérison
à quelqu'un de malade

Monsieur et Madame Yefsah
vous prient d'accepter leurs vœux
les meilleurs pour le rétablissement
de votre santé.

des vœux de Nouvel An

MONSIEUR ROCHA VIEIRA
*vous prie d'accepter ses vœux les
meilleurs à l'occasion de la nouvelle
année.*

Télégrammes

Quand vous voulez prévenir très rapidement votre correspondant, vous lui envoyez un télégramme. Il faut employer peu de mots.

Voici quelques mots utiles pour envoyer un télégramme :

prière	je vous prie de
annulé	supprimé, qui ne se fera pas
expédition	envoi
égaré	perdu
décédé	mort
félicitations	je suis heureux de
urgent	qui ne peut pas attendre, pressé
reporté	qui aura lieu plus tard
réserver	garder
confirmer	donner de nouveau son accord
impossible	qui ne peut pas se faire
condoléances	je prends part à votre peine

Nous vous présentons des exemples de lettres mises en télégrammes.

Mon cher ami,

Je te remercie de ta lettre du 18 mai. Voici comment se passera mon voyage. J'arriverai à Paris le 1er juin par le train de 15 h 30 à la gare du Nord. J'irai au restaurant de la gare où j'espère te retrouver. Je suis très heureux de te revoir. Fais toutes mes amitiés à ta famille. Cordialement. Carlos.

ARRIVERAI PARIS 1er JUIN GARE NORD 15 H 30 RENDEZ-VOUS RESTAURANT GARE. AMITIÉS. CARLOS.

N° 698 TÉLÉGRAMME

Étiquettes

Ligne de numérotation	N° télégraphique	Taxe principale.

ZCZC

Ligne pilote

Taxes accessoires

Total . .

Bureau d'origine	Mots	Date	Heu

Services spéciaux demandés : (voir au verso)	Inscrire en **CAPITALES** l'adresse com la signature (une lettre par case ; **laiss**

Nom et adresse | | | | | | | | |

TEXTE et éventuellement signature très lisible

Nom et adresse de l'expéditeur :...........................

Pour avis en cas de non remise. - Indications transmises et taxées sur demande

Vous êtes en France. Voici une feuille à remplir pour envoyer un télégramme. Remplissez-la pour dire à des amis que votre date de départ est retardée de deux jours et que vous arriverez par avion le...

N° d'appel :...................................

INDICATIONS DE TRANSMISSION

Timbre
à
date

N° de la ligne du P.V. :...........................

Bureau de destination   Département ou Pays

Mentions de service

bloc, bâtiment, escalier, etc...), le texte et **lanche entre les mots**).

éditeur.

Capitales : A B C R S V ...
N° bloc : un bloc est, ici, un ensemble d'appartements.
Une case : ici, l'espace entre deux traits.
Éventuellement : si vous le désirez seulement, ce n'est pas obligatoire.

Mon cher Pierre,

René est très malade. Le docteur est venu et il nous a dit que c'était très grave. Il faut que tu viennes le plus vite possible. Nous t'attendons. Bons baisers.

RENÉ GRAVEMENT MALADE. VIENS URGENCE. BAISERS.
PEDRO VARGAS — MADRID (ESPAGNE).

Cher ami,

Je vous prie d'accepter toutes mes félicitations à l'occasion du mariage de votre fille. Permettez-moi d'adresser mes vœux de bonheur les plus sincères aux jeunes mariés.

Je vous prie...

FÉLICITATIONS ET VŒUX SINCÈRES.
BETTY CLARK — LONDRES (GRANDE-BRETAGNE).

Monsieur,

Ayant eu un accident de voiture, je ne pourrai pas être à Paris comme je vous l'avais écrit.

Cet accident n'est pas grave, mais je dois attendre quelques jours pour les réparations de la voiture. Je vous ferai connaître la date de mon arrivée par une prochaine lettre.

Je vous prie...

SUITE ACCIDENT VOITURE ARRIVÉE RETARDÉE. LETTRE SUIT.
CONRAD.

Chers parents,

Je suis heureuse de vous faire savoir que je suis reçue à mon examen. Nous avons eu les résultats hier soir et jusque-là j'avais très peur. Mais c'est fini et bien fini! Je suis très heureuse et je sais que vous l'êtes aussi.

A bientôt. Jeanne.

REÇUE EXAMEN. BAISERS.
JEANNE SIMON.

Chère amie,

Je pensais venir te voir mardi comme d'habitude. Ce n'est pas possible : je suis prise toute la journée et je ne vais pas finir avant 19 heures. Donne-moi un autre rendez-vous en fin de semaine, car je dois te voir. Amitiés. Myriam.

IMPOSSIBLE VENIR MARDI. DONNE AUTRE RENDEZ-VOUS URGENT. AMITIÉS. MYRIAM.

Exercice :

a / Voici des télégrammes, faites les lettres.

IMPOSSIBLE VENIR SAMEDI 22. ARRIVERAI DIMANCHE 23 11 H 30. SERAI AVEC PIERRE.

ENVOI 675 INCOMPLET. MANQUENT TROIS CAISSES CHAMPAGNE. PRIERE VERIFIER ET ENVOYER URGENCE.

b / Voici des lettres, faites les télégrammes :

Monsieur,

Pouvez-vous me faire savoir si je peux avoir trois places de première classe sur l'avion *Air France* qui part de New York à 13 h 25 le 15 juillet prochain ? Je vous serais obligé de me faire connaître votre réponse très rapidement. Veuillez agréer...

Mon cher René,

J'ai une mauvaise nouvelle à t'apprendre. Ton frère est très malade. Le docteur est venu ce matin et il a dit qu'il y avait bien peu d'espoir de le sauver. Il faut que tu viennes le plus rapidement possible et que tu dises à ton père de venir avec toi. Nous t'attendons tous. Nous t'embrassons affectueusement.

André

Petites annonces

Offres d'emploi

Cherche chauffeur P.L.,
dynamique, expérience.
Écrire Ets Guiberti,
18 rue Gabriel-Péri,
IVRY-SUR-SEINE

Secrétaire sténo-dactylo,
anglais-allemand,
situation avenir si ambitieuse.
40 h par semaine, av. sociaux.
Tél. 337.44.77

Quel étudiant, créatif, dynamique,
voudrait travailler 20 h p. s.?
Permis de conduire demandé,
nécessité contacts faciles.
Se présenter le matin,
24 bd St-Germain, 75006 Paris

Demandes d'emploi

Sculpteur sur bois, tous styles,
restauration ancien,
étudierait toutes propositions,
même domicile.
24 avenue de la Victoire, 06 NICE

Cherche 4 heures de ménage le matin.
Tél. 328.13.32

Étudiant médecine garderait enfants
le soir contre chambre.
Tél. DAN 98.68

Les jeunes aussi ont leurs annonces

Changer la vie :

Coéquipiers : ex-étudiant, 22 ans,
cherche place comme coéquipier
sur voilier, destination indéterminée.
Tél. : 972.37.28, le matin.

Partage :

Je désire partager 3 pièces avec
autre fille; enfant accepté. Femme
seulement. Dragueurs s'abstenir.

Village artisanal :

Aimerais rencontrer artisans tous corps de métiers en vue de création d'un village artisanal Htes-Pyrénées, travail collectif, mais vie et logement individuels.
Écrire à Anne Duranton, 3 rue Ste-Pélagie, Toulouse.

Isolé :

Suis seule dans petite ville province, région lyonnaise. Qui pourrait me faire connaître jeunes non conformistes ?
Fabienne, 18 ans. Tél. le soir 75/34.67.92

Divers :

Vends, prix « jeune », frigo, bon état, chaîne Hi-Fi, disques pop.
Jackie, 3 rue Broca, 75005. Le soir après 6 h.

Réponse aux petites annonces

Voici quelques exemples de réponses à des petites annonces. De la même façon, répondez aux annonces des pages 94 et 95.

IMPORTANTE SOCIÉTÉ
rech. pr son établissement
d'Aulnay-sous-Bois
ÉLECTROMÉCANICIEN
CONFIRMÉ
Adresser lettre
manuscrite
av. c.v. dét. et photo à :
SOCIÉTÉ DISTRIPHAR
Serv. du personnel,
15-17, r. Cler,
75007 PARIS.

Comme suite à votre annonce dans le journal... du..., j'ai l'honneur de vous faire savoir que je suis intéressé par l'emploi d'électromécanicien dans votre établissement d'Aulnay-sous-Bois.

Je vous prie de trouver ci-joint mon curriculum vitæ.

rech. = recherche.

pr. = pour.

confirmé : qui a de l'expérience, qui a déjà l'habitude de ce travail.

lettre manuscrite : écrite à la main.

av. : avec.

c.v. : curriculum vitæ.

serv. : service.

ESPAGNE : location
DUBOIS édifice Miramar
SALOU (Tarragona)

Annonce pour une location en Espagne.
Il y a peu de renseignements : il faut
donc écrire.

« Je suis intéressé par l'annonce que
vous avez fait paraître le... dans le journal... Pouvez-vous me donner les renseignements suivants : ... »

URGENT
Bijouterie Paris-14ᵉ rech.
UNE CAISSIÈRE
sérieuses référ. exigées.
Tél. 331-18-46

Pas de lettre à faire.

MONTREUIL, 80 r. Paris
Beau 2 p. tt cft, tél., cave,
park. 800 F. 553-75-80.

Pas de lettre à faire.

référ. : références (endroits où la personne a déjà travaillé et ce qu'elle a fait).
Tél. : téléphoner, donc dans ce cas pas de lettre à faire.
Montreuil : petite ville de la banlieue parisienne.
r. : rue.
2 p. : 2 pièces.
park. : parking.
800 F : 800 francs par mois.
553-75-80 : numéro de téléphone.

Exercice oral : pour les deux dernières annonces, un élève peut jouer le
rôle de la personne qui a lu l'annonce, et qui téléphone, un autre fera
la personne qui a passé l'annonce.

Remplir des imprimés

Petits prix ...cadeaux

SÉLECTIONNÉ PAR ELLE

STOP AFFAIRE

La planche
19,00

Découpez et lavez aussitôt

Grâce à ses poignées coulissantes, cette planche à découper s'adapte à tout évier de 32 à 44 cm de largeur : légumes, poissons... toutes denrées à découper, à nettoyer, immédiatement lavables sous le robinet. Bois massif (27,5 × 21 × 2 cm) armature en fil plastifié. Livrée avec 4 pieds ventouses.
Réf. 001.0332   **Prix 19.00**

A partir de
(long. 20 cm) **18,50**

Entre deux rangées de brosses toutes souples...

... suspendez vos torchons et serviettes : plus besoin d'y coudre des œillets! Support en plastique blanc, autoadhésif (ou fixation par vis livrées).
Long. 20 cm, réf. 039.8284   **Prix 18.50**
Long. 44 cm, réf. 051.1641   **Prix 28.50**

39,50

Pour les rendez-vous, le courrier, les clés...

Le super mémo familial. En polystyrène résistant, comprend : 2 casiers pour le courrier, les notes... 1 distributeur à fiche; 1 ardoise en acier traité et 3 fleurs magnétiques ; 1 porte-crayon; 4 crochets porte-clefs. Haut. 40 cm. Long. 31 cm. Ep. 4 cm. Livré sans accessoire.
Réf. 002.7375   **Prix 39.50**

25,00

Moulin râpe

Pour fromages, chocolat, pain dur, etc. Avec tambour en acier inoxydable, corps en plastique entièrement garanti alimentaire. Ventouse pour fixation. Diam. 10. Haut. 19.5 cm.
Réf. 034.3986   **Prix 25.00**

32,50

Ranger, présenter et servir les fromages

Fonctionnel et esthétique cet ensemble fromager : 1 plateau bois (diam. 22 cm), 1 cloche en polystyrène cristal (haut. 10 cm), 1 couperet manche bois à lame acier inoxydable (long. 16 cm).
Réf. 001.0138   **L'ensemble 32.50**

22,00

En quelques tours de manivelle, elle essore la salade...

Mais elle essore aussi les légumes cuits ou crus, les fruits, et même la lingerie. Vous pourrez utiliser cette essoreuse sur votre plan de travail. Polystyrène incassable, indéformable. Grande capacité ; diam. 23, haut. 15,5 cm. Réf. 092.1947   **Prix 22.00**

BON DE COMMANDE

en date du : _____

La Redoute
59081 ROUBAIX CEDEX 2

Important : Si vous utilisez le mode d'écriture ci-dessous, nous pourrons enregistrer votre commande plus rapidement.

0 1 2 3 4 5 6 7 8 9

Si l'adresse ci-contre est inexacte, veuillez cocher cette case et rectifier ci-dessous en lettres capitales. ▶

nom _____

prénom _____

adresse _____

_____

code postal _____ ville _____

N° DE CLIENT 37 HX0 39896 0124734037

Madame, Mademoiselle, Monsieur
BUSSILLET MICHELLE

12 RUE BROCA

75005 PARIS

Réf. 8016

désignation des articles	référence	quantité décimales	prix de l'unité francs,centimes	montant francs,centimes
Exemple : lot de 3 serviettes	0 1 2 3 4 5 6	2	1 7 9 0	3 5 8 0

cochez le mode de paiement retenu

Joint à ma commande
1☐ mandat-lettre
2☐ chèque postal (avec 3 volets c.c.p. Lille 11449)
3☐ chèque bancaire (à l'ordre de La Redoute)
4☐ avoir ou chèque-remboursement Redoute

Avec ma carte Kangourou
5☐ N° 0
Signature

A la livraison
6☐ Envoi contre-remboursement (+ frais selon taxe en vigueur).
N'envoyez jamais de mandat-carte 1418, de timbres, ni d'espèces.

cadre réservé à La Redoute.

montant de la commande

Participation aux frais d'envoi
(Gratuit si la commande est supérieure à 300F.) + 4,50 F

Si envoi contre-remboursement
(+ frais selon taxe en vigueur 7,00F au 16-8-78)

TOTAL

Vous choisissez, sur la page de catalogue de la page 95, plusieurs articles. Vous les commandez.

Attention! Suivez bien les conseils qui vous sont donnés.

Vous avez eu un accident. Vous remplissez la déclaration pour l'assurance.

A remplir par l'assuré et à transmettre dans les cinq jours à son assureur.

---

1. nom de l'assuré : |__|__|__|__|__|__|__|__|__|__|__|__|

adresse_____ n° tél._____

circonstances de l'accident :_____

_____

_____

EXPERTISE des DÉGATS : Garage où le véhicule sera visible_____

A-t-il été établi un **procès-verbal de gendarmerie?** [OUI |]   [NON |]

blessé(s) NOM	|__|__|__|__|__|__|__|	|__|__|__|__|__|__|__|
Prénom et date de naissance..		
Adresse		
Profession		
N° sécurité sociale	|__|__|__|__|__|__|__|	|__|__|__|__|__|__|__|
Nature et gravité des blessures		
Situation au moment de l'accident		
1ers soins ou hospitalisation à		

A_____, le_____ 19_____

Signature de l'assuré :

99

Pour vous aider

Pour vous aider à écrire en *français facile,* voici ce que vous pouvez employer pour :

vous expliquer	c'est-à-dire	J'arriverai tard, c'est-à-dire vers minuit.
	je veux dire	J'arriverai tard, je veux dire à minuit.
	je vais vous expliquer	J'arriverai tard, vers minuit, je vais vous expliquer pourquoi.
donner le moyen de...	ainsi	Prenez l'avion; ainsi, vous arriverez vite.
	de cette façon	Prenez l'avion; de cette façon, vous arriverez vite.
	c'est le meilleur moyen	Prenez l'avion, c'est le meilleur moyen pour arriver vite.
donner la cause	à cause de	J'arrive en retard à cause du brouillard.
	est la cause de	Le brouillard est la cause de mon retard.
	parce que	J'arrive en retard parce qu'il y a du brouillard.
dire l'évidence	naturellement	Il s'est mis en colère. Naturellement, je n'ai rien dit.
	c'est bien vrai	Il se met vite en colère, c'est bien vrai.
	on ne peut pas discuter	Il se met vite en colère et on ne peut pas discuter.
	cela ne fait pas de doute	Il va se mettre en colère, cela ne fait pas de doute.

dire ce qui se ressemble	ressemble à... même pareil comme	Il ressemble à son frère. Il a les yeux de la même couleur que ceux de son frère. Il est pareil à son frère. Il est comme son frère.
dire ce qui est différent	différent de... ne ressemble pas n'est pas pareil comme différence entre	Le film est différent du livre. Le film ne ressemble pas au livre. Le film n'est pas pareil au livre. Le film n'est pas comme le livre. Il y a une grande différence entre le film et le livre.
donner un conseil	attention faites attention prenez garde	Attention! la route est dangereuse. Faites attention, la route est dangereuse. Prenez garde! la route est dangereuse.
dire quelque chose de difficile	je me permets de je prends la liberté de j'ose	Je me permets de m'adresser à vous pour vous demander... Je prends la liberté de m'adresser à vous pour... J'ose vous demander de...
dire quelque chose de pénible	j'ai la douleur de... ... la peine coûter	J'ai la douleur de vous faire connaître la mort de... J'ai la très grande peine de vous annoncer la mort de... Il me coûte beaucoup de vous donner une mauvaise nouvelle : X*** a eu un accident.
dire quelque chose qui vous touche	touché sensible à	J'ai été très touché par votre lettre si amicale. J'ai été très sensible aux vœux que vous m'avez adressés.

dire quelque chose qui exprime votre joie	heureux de	Je suis heureux de vous faire savoir que je suis reçu à mon examen.
	content de	Je suis très content de vous dire que...
	plaisir de	J'ai le plaisir de vous dire que...
	heureusement	Je suis reçu. Heureusement.
dire quelque chose que vous voulez vraiment	envie de	J'ai envie de partir avec toi.
	voudrais	Je voudrais tellement partir avec toi.
	heureux de	Je serais très heureux de partir avec toi.
dire votre étonnement	étonné de	Je suis étonné de ce qu'il m'a dit.
	étonné que	Je suis étonné qu'il vous dise cela.
	frappé par	Je suis frappé par ce qu'il a dit.
ce qui est ensemble	ensemble	Votre frère est là. Alors, venez ensemble.
	avec	Venez avec votre frère.
	tous les	Venez tous les deux.
le tout	l'ensemble	L'ensemble comprend le terrain et la maison.
	le tout	Le terrain et la maison, le tout est à vendre.
	tout entier	Ne mange pas ce gâteau tout entier.
	tout le monde	Tout le monde regarde la télévision.
une partie	chacun	Donnez une part de gâteau à chacun.
	chaque	Chaque personne a une part.
	une partie de	Il vend une partie du terrain.
	un morceau	Du sucre? Un morceau, pas plus.
	seulement	Il vend seulement le terrain.

les quantités	combien	Combien de jours resterez-vous? Trois ou quatre?
	beaucoup	Je n'ai pas beaucoup de temps, je pars dans cinq minutes.
	peu	J'ai peu de temps : mon train va partir.
	quelques-uns	J'aime les disques d'Antoine. Apportez-m'en quelques-uns.
	personne	La salle est vide, il n'y a personne.
	plusieurs	Il ne part pas demain, il restera plusieurs jours.
	aucun	Je n'ai reçu aucun paquet à votre nom.
	rien	Ce n'est rien. Je ne veux rien. N'apportez rien.
	assez	J'ai assez de livres pour le moment. Ne m'en envoyez plus.
	encore	Il me faut encore un dictionnaire.
	tellement	J'ai tellement de travail que je n'irai pas en vacances.
	tant	J'ai tant de travail que je n'irai pas en vacances.
	trop	J'ai trop de travail. Je ne peux pas prendre de vacances.
dire le temps	aujourd'hui	J'ai reçu aujourd'hui une lettre de...
	maintenant	Je travaille maintenant à...
	hier	Hier, je t'ai envoyé un livre.
	autrefois	Autrefois, il y avait moins d'automobiles.
	demain	J'enverrai ton paquet demain; aujourd'hui, il est trop tard.
	plus tard	Pour cette question, nous vous répondrons un peu plus tard.
	une autre fois	Je suis allé l'an dernier à Paris, j'aimerais y retourner une autre fois.

dire le temps **(suite)**	au bout de	Au bout de huit jours, il parlait déjà le français.
	ensuite	Nous allons en Espagne; ensuite, nous irons au Portugal.
	après	Après le déjeuner, nous sommes allés au cinéma.
	entre	Je serai libre entre le 16 et le 20.
	tout de suite	J'envoie tout de suite le livre que tu me demandes.
	toujours	Betty est toujours malade, elle ne va pas mieux.
	tout le temps	Elle est tout le temps fatiguée, le docteur dit que...
	quelquefois	Il m'écrit quelquefois, pas souvent.
	tôt	Il est encore trop tôt pour que je me décide à...
	tard	Ma lettre est arrivée trop tard : vous étiez déjà parti.
	déjà	J'ai déjà vu ce film il y a un mois.
	quand	Quand partez-vous? Demain ou après-demain?
	pendant que	Pendant que j'étais en France...
	au moment où	Il est arrivé au moment où l'avion partait.
	en train de	Je n'ai pas beaucoup de temps : je suis en train de préparer mon examen.
	d'abord	D'abord, j'ai visité... ensuite...
	au départ	Au départ, j'étais un peu triste.
	au début	A Paris, au début de mon voyage, je ne pouvais pas me faire comprendre.
	puis	J'ai visité le Panthéon, puis l'Arc de Triomphe.
	plus tard	Je dois aller au lycée, je continuerai ma lettre plus tard.

dire le temps (suite)	avant de	Demandez conseil avant de vous décider.
	depuis	Je ne l'ai pas vu depuis huit jours.
	presque	Il est presque huit heures.
	prochain	Vous trouverez... dans un prochain envoi.
dire le lieu	autour, autour de	On a construit des immeubles autour de la place.
	autre endroit	Il passera ses vacances dans un autre endroit, autre part.
	au bout de	Quand vous serez au bout de la rue P..., tournez à droite.
	côté	J'habite sur le côté gauche de la rue T...
	à côté de	J'habite à côté de chez Jean.
	dans	Dans notre prochain envoi, nous mettrons...
	dehors	Dehors, il fait moins 5 degrés.
	en dehors de	Sa maison est en dehors de la ville.
	entre	Au dîner, j'étais entre Pierre et Jacques.
	ici	Ici, les vacances sont du... au...
	à l'intérieur	La maison est belle à l'extérieur, mais à l'intérieur, c'est triste.
	loin	Je n'ai pas pu lui parler : il était trop loin de moi.
	milieu	As-tu remarqué, au milieu du film, il y avait...
	nulle part	Je n'ai trouvé nulle part ce que tu m'as demandé.
	partout	Dans les magasins, dans les cafés, dans la rue, partout, il y a beaucoup de monde.
	près de	L'hôtel est près de la gare.
	sous	Il est sorti sous la pluie, il a eu froid.

dire le lieu (suite)	vers	Le premier train va vers Paris, le second vers Lille.
	devant	Partez devant, je ne suis pas prêt.
	derrière	Je ne connais pas la route, je roulerai derrière vous.
	à droite, à gauche	En arrivant à V..., prenez la première route à droite, puis la première à gauche.
	en face de	Au restaurant, tu te mettras en face de moi.
lien entre les idées	ainsi	Ne dépense pas tout ton argent, ainsi tu pourras payer ton voyage.
	alors	La nuit tombait, alors nous sommes partis.
	car	Je vais remplacer ma voiture, car elle commence à être vieille.
	donc	Le feu était vert, donc je pouvais passer.
	parce que	Je n'aime pas ce film parce qu'il est triste.
	quand	Vous m'écrirez quand vous aurez reçu le colis.
	pendant que	Je ne peux pas le déranger pendant qu'il travaille.

Pour mieux écrire

Pour vous aider à mieux écrire, voici quelques « façons de faire ». Nous avons pris ces exemples dans la série *Textes en français facile*. Lisez-les vous-même et cherchez d'autres façons d'écrire qui rendront vos lettres plus personnelles.

Employez :

Deux points :	Pour donner une explication.	— Le vent est terrible : il peut renverser la voiture sur le côté. — Je savais bien qu'on mettrait la faute sur moi : c'est naturel, j'étais l'ennemi du colonel. — Il décide de ne plus discuter cette affaire : elle a trop fait de mal.
	Pour mettre un mot ou une idée *à part*	— Tout en cet enfant, sa voix, son regard, son silence, montre un seul sentiment : la peur. — Je vais vous dire : je n'ai pas le droit de vous la laisser.
Point d'interrogation ?	Donne un *ton* vivant, comme la parole. On peut se poser une question à soi-même.	— Que devient Michel Strogoff? — Pourquoi va-t-il à Arras? — Si je ne parle pas, voyons, si je ne parle pas? — Faut-il sauver Champmathieu? Faut-il se taire?
Point d'exclamation !	Donne un *ton* (colère, joie, surprise, refus, etc.).	— Ah! vous vous trompez! — Quelle idée! — Heureusement que nous allons bientôt la quitter! — Mon Dieu, que cela est beau!

Points de suspension ...	La pensée n'est *pas finie*.	— Elle veut la mort des Barricini et... — Je penserai à vous, Miss Nevil, et je me dirai...
	On veut dire quelque chose de difficile et on hésite.	— Oh! il nous racontait une vieille histoire... de l'ancien temps... oui, je crois... je l'ai oubliée... Bonne nuit.
,...,	Pour bien marquer une idée, un sentiment, on peut mettre un mot entre deux virgules.	— Elle est là, très triste, assise sur un banc. — Puis il se met à parler de Paris et, curieux, il demande... — Il ne faut pas, je pense, continuer ce travail. — Ce dernier, gêné, regarde d'un autre côté.
Cherchez des images	Très utiles pour donner un *ton* personnel. Mais attention! il faut que l'image soit claire.	— Cette guerre vient de commencer *comme un coup de tonnerre*. — Elle tombe sur le sol, *comme si elle était morte*. — Les glaces font *une sorte de mur épais*. — Des brouillards passent sur les bois *comme des fumées*. — Elle marche, penchée en avant, la tête baissée, *comme une vieille*.
Employez des verbes	Pour la rapidité.	— Elle *devient* rouge, se *lève*, *fait* quelques pas en avant, puis *s'arrête*. — Il *s'arrête* un moment, *se retourne*, *lève* la main vers un camarade, puis *disparaît*.
	Pour l'activité.	Elle *monte, descend, lave, brosse, frotte, balaie, court, remue* des choses lourdes...

Donnez votre avis	Au milieu de la phrase, donnez votre avis.	— C'est parce que, *voyez-vous*, nous n'aimons pas qu'on nous commande. — Elle s'attend, *nous l'avons dit*, à quelque chose d'étonnant. — Ce n'est, *je le crois*, pas sa faute.
Attirez l'attention sur une personne	Pour bien faire comprendre au lecteur son importance	— Eh bien, je le sais, *moi !* répond le capitaine. — La mère, *elle*, a l'air triste. — *C'est moi* qui suis l'homme envoyé par l'empereur.
Répétez	D'habitude, on ne répète pas les mots. On le fait pour donner du mouvement à la phrase.	— *Voilà* ce que je sais, *voilà* ce qu'il ne sait pas et *voilà* ce qu'il faut qu'il sache. — Oui, il n'a peur *ni* du froid, *ni* de la faim, *ni* de la fatigue. — Le président et l'avocat général *n'ont pas le temps de* dire un mot. Les gendarmes *n'ont pas le temps de* faire un mouvement. — Elle entre dans le bois en courant, *ne* regardant *plus rien*, *n'*écoutant *plus rien*.
Opposez	Dans la même phrase, on peut dire deux choses opposées pour mieux attirer l'attention du lecteur.	— Il a *l'air malade* et il se *porte bien* : c'est par là qu'il commence à mentir. — Toute *petite*, elle fait les *gros* travaux. — Cet homme avait des habits *pauvres*, mais très *propres*. — Le conducteur *parle*, mais le voyageur *répond à peine*.

Faites un portrait	Le portrait se fait au physique (extérieur), et au moral (intérieur).	Michel est grand et fort. Son regard droit montre qu'il a le vrai courage, c'est-à-dire le courage sans colère. Il décide tout de suite ce qu'il doit faire. Il parle peu, fait peu de mouvements.
Changez l'ordre des mots	On peut changer l'ordre des mots, mais attention!	Pendant ce temps, le maire et ses amis, derrière leurs fenêtres fermées, regardent.

Enfin, vous pouvez employer le style *direct* (vous écrivez exactement les paroles entendues) ou le style *indirect* (Il dit que...; Elle répond que...).

Le style direct est plus vivant.

Exercice :

Lorsque vous avez une phrase en style direct, écrivez-la en style indirect. Lorsque vous avez une phrase en style indirect, écrivez-là en style direct.

Style indirect	Style direct
	Mme Pietri lui dit : « Je vais aider M*** »
Il lui répond qu'elle se trompe.	
Des gens disent que le colonel se servait souvent de ce fusil.	
	Il remue lentement la tête et pense : « Mais qu'est-ce que c'est que cet homme-là! »
Il est occupé à préparer son départ, quand on vient lui dire que Javert demande à lui parler.	
Il dit encore que non.	

Petit lexique administratif

Copie adressée à...; double adressé à...	La lettre que vous avez envoyée est l'original. Vous pouvez envoyer une *copie* ou un *double* (c'est-à-dire la même lettre) à une personne qui n'est pas le destinataire principal, pour la tenir au courant de ce que vous écrivez au destinataire principal.
Votre référence (V.R.).	La référence (FR/CE n° 543) de la lettre reçue. C'est, en général, la première lettre des prénom et nom de l'auteur de la lettre, ainsi que de sa secrétaire.
Notre référence (N.R.).	La référence de la lettre que vous envoyez.
Comme suite à...	S'emploie pour répondre à une lettre. Comme suite à votre lettre du..., j'ai l'honneur...
Ci-joint.	A l'intérieur de l'enveloppe.
Pièces jointes (P.J.).	Papiers autres que la lettre.
Sous couvert de (s/c).	Entre l'expéditeur et le destinataire, il y a une personne qui lit la lettre et l'envoie.
A l'attention de...	Destinée à...
Accuser réception de...	Avoir reçu. Très employé : J'ai l'honneur d'accuser réception de votre lettre du... et...
Solliciter de votre haute bienveillance...	Forme polie de demande.
Vous informer.	Vous faire savoir (d'un supérieur à un inférieur).
Rendre compte.	Faire savoir (d'un inférieur à un supérieur).

Correspondance courante

d'urgence	rapidement.
expéditeur	celui qui envoie.
destinataire	celui qui reçoit.
lettre recommandée	pour laquelle on remplit un papier spécial demandé à un bureau de poste.
par avion	à écrire sur l'enveloppe si celle-ci ne porte pas imprimé « par avion ».
courrier ordinaire	le plus lent.
par retour du courrier	répondre immédiatement, dès que l'on a reçu la lettre.
agréer	recevoir.
retourner	renvoyer.
fixer une date	arrêter une date précise.

Imprimé en France — IMPRIMERIE HÉRISSEY, ÉVREUX - Eure - N° 38684
Dépôt légal 1764-12-1985 — Collection N° 06 — Édition N° 06

15/4583/9